新潮新書

黒澤はゆま
KUROSAWA Hayuma

世界史の中のヤバい女たち

996

新潮社

「女呪術師を生かしておいてはならない」（『旧約聖書』）

はじめに

この本は、一言で言うと世界中の女性のヒーローの話を集めたものですが、何故、そんな本を作ったかという話をまずさせてください。

世に男のヒーローの話は数多く語られ、出版もされています。

しかし、女のヒーローの話はまだまだ数が少なく、あっても善良さや自己犠牲ばかり強調されているような印象を受けます。

男のヒーローだったら別に善い人じゃなくても我が儘でも、力があってずる賢かったら、少々のこと、国を一つか二つ潰してしまう程度のことは、大目に見てもらえるのに。

自分は歴史小説家というヤクザな商売をしていますが、そのルーツは頭はよくないしスポーツは苦手だしと、あまり格好いいとはいえない子ども時代、布団を被って、勇ましい英雄たちの活躍を空想し、卑小《ひしょう》な自分をつかの間忘れた日々にある気がします。

だから、今でも結局、私の歴史への情熱は、子どもが格好いいヒーローのカードを並べてニヤニヤ眺めるような、野蛮で未分化な「強さ」への憧れから余り成長していないのかもしれません。

ただ、その時間は、私を夢だった歴史小説家という職業に就けてくれただけでなく、社会に出て人々に伍していくのに必要な狡猾さ、いわゆる戦略や戦術も身につけさせてくれたような気がします。

男の子には残酷な世界でサバイブするための同性のモデルがたくさんいるのに、女の子にはそれがないのは不公平なようです。

女性の社会進出（この言葉はどうも戦前からあったようです）が叫ばれて久しく、確かに労働市場にたくさんの女性が流入しては来ましたが、平等な待遇に到達するにはほど遠いのが実情（二〇二二年ジェンダーギャップ指数）。

こんな理不尽でアンフェアな世の中にこれから出て行く女の子、もう出てしまった女の子たちに、同性のヒーローたちのこと、それもジェンダーの色眼鏡から自由な姿を知ってもらいたい。

そんな思いで出来たのがこの本です。

そして、調べていくなかで、彼女たちは能力においては男性のヒーローにひけを取らないか、それ以上ですが、男性のヒーローたちにはない「呪い」とも言うべきものとまず闘わなくてはならないことに気づきました。

本書に出てくる女性たちは、皆歴史になにがしかの足跡を印した偉大な人びとですが、彼女たちが直面した問題は現代を生きる女性と何ら変わりはないと思います。

彼女たちにとっての「呪い」とは何だったのか？

当事者である女性はもちろん、息子・夫・父・兄弟・友人・上司・部下など様々な形で女性と関わる男性も、自問しつつ本書を読み進めていただけると有り難いです。

そして、この本が、女性にとっては呪いを解くきっかけに、男性にとっては身の回りの女性たちとより良い関係を結べる一助になれば、作者としてこれに勝る幸いはありません。

なお、本章でとりあげた十人の女性は、生きた場所や時代、その文化も背景も実に様々です。沢山の文献を渉猟しながら、ほぼ史実であろうと思われることをベースとしながら、できるかぎり彼女たちの息づかいを感じ取ってもらうため、特に出典注記のない会話や場面の描写は、各章末に掲げた文献を参考に、作者の想像を交えて再現しています。

世界史の中のヤバい女たち◆目次

第一章　すべての女性が望むことは　魔女ラグネルの結婚

アーサー王の物語

「すべての女性が望むことは何か？」

もし、そう聞かれたら、あなたは何と答えますか？

世界中の女性の偉人を取り上げる本書では、こんな問いからお話をはじめようと思います。

アーサー王の物語から「ガウェインの結婚」です。

アーサー王は、西暦五〇〇年頃のブリタニア（今のイギリスにあたる地域）に実在したローマの将軍がモデルだと言われています。

この頃、ゲルマン民族の大移動により、ローマ帝国は崩壊。それまでブリタニアを支配していたローマ軍はグレートブリテン島から撤退します。島全体が無秩序に陥るなか、ヨーロッパ大陸からゲルマン民族の一派であるサクソン人が侵入してきました。

アーサーは島に残ることを選んだローマの軍人だったようです。土着のブリトン人を率いて戦い、乱暴者だったサクソン人を島から追い払うことに成功します。

ただ、この勝利はたまさかのもので、最終的にブリタニアはサクソン人の侵略に屈服します。しかし、アーサーの見せた勇気と戦い振りは、よそ者の支配を受けるブリトン人にとって長く心の支えになりました。

また、長い月日のなかでサクソン人とブリトン人が混交し、お互いに見分けがつかなくなっていくと、イギリスという国の象徴ともなっていったようです。

こうして、様々な人々の祈りや願いを込めて、語られ続けていくうちに、一三〇〇年頃には、史実を超えてアーサーは王となり、騎士の理想とされる「アーサー王と円卓の騎士」の物語が成立しました。以下、しばらく物語をたどってみましょう。

醜い魔女との結婚

アーサー王のお城には、大きな円卓がありました。円卓は席につく者が対等であることを示します。キリストと十二人の使徒にならい、椅子は十三席並んでいました。この円卓に座ることを許された騎士のことを円卓の騎士と呼びます。一騎当千ぞろいの王の部下のなかでも、知勇、品格において特に優れた人たちでした。

ガウェインはこの円卓の騎士の一人で、フランス生まれのランスロットと並んで最強と謳われる人でした。アーサー王の甥でもあり、王はガウェインを騎士たちのなかでも特に愛し、信頼していました。

ある日、そのアーサー王の王宮に一人の乙女が訪ねてきます。

「私の土地が、悪い騎士に取り上げられてしまいました。王様、何とか取り返してください」

乙女はそう訴えました。騎士の徳目のなかで最も重要なことは、神への信仰と並んで、レディーを尊重することです。アーサー王はこころよく引き受けると、早速、その悪い騎士がいるという城へ、自ら出かけていきました。

しかし、悪い騎士のお城につくと、なんとしたことか、腰が砕け、腕は萎え、実力を発揮できません。

これは悪い騎士の呪いによるものでした。

王は地面にはいつくばって、命乞いしなくてはならない羽目に陥ります。

この時、悪い騎士がアーサー王に投げかけたのが冒頭の、

「すべての女性が望むことは何か？」

でした。

「この答えを持って、十二か月後に再びこの城に戻ってくるのだ。約束を破っても、答えが間違っていても、死ぬことになるからな。さぁ、神とお前の剣に誓うのだ」

「はい、分かりました。神にかけて誓います」

もはや乙女の願いどころではなく、アーサー王は十二か月後の再会を約束させられて、ほうほうの態で逃げ帰りました。

自分の国に戻ると、王は街や村で出会う女性に片っ端から声をかけ、「あなたの望むことは何？」と質問します。しかし、返ってくる答えは皆バラバラ。

市場の娘さんは「綺麗なお洋服」と答え、酒屋の疲れた感じのおばさんは「やっぱりお金かね」と言います。農家でたくさんの子供に囲まれた奥さんは「健康な子供たち」とにこやかに答え、教会で結婚式の最中のお嫁さんははめたばかりの指輪をきらめかせながら「素敵な旦那様。そしてそれは今かなったの」と答えました。

どれも正解のようであり、不正解のようでもあります。今一つ確信を持てぬままに、

十二か月はあっという間に過ぎ、書き留めた女性たちの願いは本一冊分くらいになりました。

(うーん、どれも今一つ決め手にかけるんだよな)

アーサー王がそう首をひねりながら、森のなかを馬で進んでいると、

「これ、レディーの前を挨拶もなしに通り過ぎるとは何という礼儀知らずじゃ」

と誰かが話しかけてきました。

見ると、カシの木とヒイラギの木の間に一人の老婆がいます。

(うわっ)

王が思わず顔をそむけてしまったほど醜い女性でした。赤鼻をすすり、口は大きく、分厚い唇から黄色い歯が飛び出、髪はギトギト、肩は庭が出来るくらい広く、突き出た胸は馬を遊ばせられるほど。

臭いも虫を落とすほどひどく、アーサー王はよっぽど無視して通り過ぎようかと思ったのですが、レディーという言葉に騎士はめっぽう弱い。

馬から降りると、ひざまずいて、

「御機嫌よう、レディー」

と挨拶しました。

老婆は何故かアーサー王のことを知っていて、

「いい心がけじゃ、王様よ。私の名はラグネル。あんたが探している答えを私は知っているよ」

と言いました。

「何ですって、レディー・ラグネル、どうぞ教えてください」

アーサー王も飛びつきます。

「あわてるんじゃないよ。物事はフェアに進めないとね。ただで教えるわけにはいかない。どうぞ私の願いを聞いておくれ」

「ええ、もちろん。何でも言ってください」

「ひひ、じゃあ遠慮なく。なぁ、私も年頃じゃ。素敵な騎士の旦那様が欲しいのだ。王様の配下には何でも円卓の騎士という、身も心も美しいナイトがいるそうじゃないか。その一人を私の婿におくれ」

「えっ、何ですって」

アーサー王は愕然としました。だって、とんでもなく醜い老婆なのです。

「嫌だったら嫌でいいんだよ。取引は終わりだ」

「いやいや、待ってください。とりあえず城に帰って相談してきますから」

そう言ってアーサー王は城に戻りました。

しかし、気分は重い。

命は惜しいが、果たして前途ある若者の未来を、こんなことで潰してよいのか？

どうしたものかと円卓で一人悩んでいると、あらわれたのがガウェインでした。ガウェインはアーサー王の思案顔を見ると心配して、

「どうしたのですか？　王様」

と声をかけました。

アーサー王はかくかくしかじかと答えます。

「まるまるうまうまと。それなら、何を思い悩むことがあるのです。王様、私がその老婆の結婚相手になりましょう」

ガウェインは快活に答えました。ガウェインは一本気で、純粋な男なのです。

「お前は本人を見てないから、そんなことを気軽に言えるんだ。本当に醜いんだぞ。今までの人生で最悪だった」

と王様もなかなかに口が悪い。しかし、ガウェインは聞きません。

「命に替えられることじゃないでしょう。さぁ、さっさとその老婆のところに行ってきてください」

先にも書いた通り、アーサー王とガウェインは叔父と甥の関係でもあるので、ガウェインも結構ずけずけものを言うのですね。アーサー王は押し切られた形になって、しぶしぶ老婆のもとへ行きました。

「首尾は上々かな？　王様」

相変わらず、物凄い姿です。

「うむ、ガウェインというものがあなたの婿になってくれることになった」

アーサーは無念を噛みしめながら答えます。すると、ラグネルは満足そうにうなずきました。

「ガウェインなら知っておる。円卓の騎士のなかでも一番強く正直な騎士。私の婿に不足はない。よし、では答えを教えてやろう」

すべての女性が望むこと

老婆が答えを言う瞬間、厳かな風が吹き、カシとヒイラギの木が輝やいたように、アーサーには見えました。

「自分の意志を持つこと」

老婆はそう言ったのです。

（なるほど！）

アーサー王にとってもこれは確信を持てる答えでした。

「ありがとう。レディー・ラグネル」

勇躍して悪い騎士のいるお城へ向かいました。

お城に入ると相変わらず呪いのため、アーサー王は腰が砕け、腕が萎え、這うようにしか進むことが出来ません。

「答えは持ってきたか？　アーサー」

悪い騎士があらわれて言います。

「あぁ、持ってきたぞ」

アーサー王は女性たちの願いを書きつけた帳面を捲《めく》り、一つ一つその答えを言っていきます。悪い騎士はそのどれに対しても首を振ります。

「どうしたアーサー。どれも不正解だ。約束通り首をもらうぞ」

「慌てるな。まだ、もう一つある。すべての女性が望むこと。それは、自分の意志を持つことだ」

すると呪いはとけ、アーサー王の体にみるみる力がみなぎってきました。

「くそっ、これは妹の入れ知恵に違いない。覚えていろよ」

悪い騎士はそう言い捨てて、逃げていきました。

アーサー王は助かったのです。

しかし、自由な体になって、城に戻ってもアーサー王の気持ちは沈んだままでした。ラグネルとの約束が残っていたからです。いっそ破談にしてしまおうかとも思ったのですが、当のガウェインが「レディーとの約束を破るわけにはいきません」と言って聞きません。

そして、ついにガウェインと老婆の結婚式が、アーサー王のお城で開かれることになりました。

実物を見てさすがにガウェインも驚いたようですが、後悔先に立たず、同僚たちの心ないからかいの声に青くなったり赤くなったりしながら、花婿の席で身を固くしています。一方のラグネルの方は、音を立ててご馳走を食べ、まことに見苦しい有様です。

式だけで、祝いの宴は開かれませんでした。寝室で二人きりになると、ガウェインの憂いはますます深くなりました。詳しくは言いませんが、だって、ねぇ。思わずため息をつきます。すると、それを見とがめた老婆が言いました。

「旦那様、どうして顔をそむけて私の方を見ようとしないのか？　私のことが嫌いかえ？」

ガウェインもまだ若いのでオブラートに包むといったことが出来ません。すぱっと率直に言いました。

「あぁ、私はあなたのことを好まない。三つ理由がある。一つはあなたが年寄りなこと。二つ目は醜いこと。三つ目は身分が低いことだ」

すると、老婆は答えました。

「年を取っているということはそれだけ経験を重ね知恵が深いということになるでしょう。醜ければいらぬ誘惑を受けて貞操を汚す心配もありません。また、あらゆる気品はどこで生まれたかよりもその人の性質によって身に着けられるものではないのですか」

（うん？）

筋道の通った、なかなかに立派な答えです。

思わずガウェインがラグネルの方を見ると、なんとそこには老婆ではなく、ほの暗い蠟燭の火灯りの元でも目映い、美しい乙女がいました。エニシダよりもなお黄色い金髪、ミルクの如き白い肌、薔薇の花咲く頰、深い知恵を湛えて湖水のように青い瞳。香しい匂いは幾万の花びらを部屋中に散らしたようで、華奢な体には甘い喜びと楽しみをいっぱいに蓄えているようでありました。

「あなたは一体？」

ガウェインが驚いていると、

「私は義理の母から老婆の姿になる呪いをかけられていたのです」

と、ラグネルは答えました。

「その呪いは二つの願いがかなえられないと解けないのですが、今一つ目の願い『立派な騎士と結婚すること』がかなえられました。昼と夜のどちらか一方の間、元に戻れるのですが、ガウェイン、私がこの姿でいるのは、昼と夜、どちらがよろしいですか？」

こうなるとガウェインも現金なもので、

「そりゃ夜だ。あなたの美しさを独り占めしたい」

「あらあら、うふふ」

乙女は笑いました。

「レディーというのは、明るい社交の場で、お仲間の騎士や貴婦人たちに美しい姿を見られることが、何より幸せなことなのですよ」

そう答えられると、ガウェインはしばらく腕組みして考え込むようでしたが、やはり快男児、やがてにっこり笑うと、

「あなたの好きになさい」

と言いました。

その瞬間、乙女の顔いっぱいに微笑みが広がります。

「今、すべての呪いが解けました。自分の意志を持つこと。それが二つ目の願いだったのです。たった今それがかないました。ガウェイン、あなたのおかげよ」

そう言って、ガウェインの厚い胸に飛び込んだのでした。彼女の呪いが解けたことにより、兄の悪い騎士もその義母から受けた呪詛から自由になりました。彼は元の良心を取り戻し、最初に出てきた乙女に土地を返し、円卓の騎士たちとも親しく交際するようになりました。

ガウェインとラグネルが、その後、末永く幸せに暮らしたことは言うまでもありません。からかいの対象だった夫婦は今や、円卓の騎士たち羨望の、オシドリ夫婦となったのでした。

ラグネルは何者だったのか？

これで、ガウェインの結婚の物語は終わりです。

七百年前のお話に、女性が「自分の意志を持つこと」という先進的なテーマが出てきたことに驚かれた方も多いのではないでしょうか？

アーサー王やガウェイン、立派なはずの騎士がいいところはほとんどなく、いわば狂言回しの役割になっているのも面白いですね。この物語の中心で輝きを放っているのは、一貫して老婆から美女へと華麗な変身を遂げるラグネルの方です。

それにしても、このラグネルという女性、彼女は一体何者だったのでしょうか？　そもそも、どうして義母から呪いをかけられたのか？　そこを深掘りしていくと、人類の長い歴史のなかで、女性がどう不当に貶められ、本来の美しさを奪われていったのか、その哀しい実態が明らかになるのです。

まず、彼女が最初に現れたシーンを思い出してください。彼女は老婆の姿で、カシの木とヒイラギの木の間に座っていました。実は、古代ヨーロッパの信仰ではカシの木とヒイラギの木はとても神聖なものでした。かつてドルイダスの尼僧は、カシかヒイラギの杖をよすがに魔法を唱えていたのです。

アニメの魔法少女は皆ステッキを持っていますよね。魔女の宅急便のキキも、木で出来た箒にまたがっていました。これらはすべて古代ヨーロッパで尊崇されていた、ドルイダスの尼僧の手にあるカシの木の杖が起源になっています。

つまり、ラグネルは、彼女に呪いをかけたという義母と同じく、魔法を操る魔女だったのです。実際、「ガウェインの結婚」の異本のなかには、アーサー王がラグネルに魔女と呼びかけるものも残っています。

では、彼女は何故老婆の姿にされたのでしょうか？　義母が呪いをかけたほど怒りを買った事情とは、何だったのでしょうか？

私はその理由は、彼女がまさに「自分の意志を持つ」ことを願ったためだと思います。

魔女の witch の語源は wise woman、つまり賢い女性。自分の意志を持とうとした賢い女性は、これまでの人類の歴史のなかでは、決まって魔女と罵られ、老婆の醜い姿に変えられてきたのです。

呪いが同性の義母（異本によっては実母になっているものもあります）によってかけられていることも示唆的です。時に女性の前に立ちふさがる最大のものは、女性なのです。悪い騎士は、妹を守れなかったことを悔やんで、ダークサイドに落ちたのかもしれません。

また、ラグネルという名前にも秘密があります。実は、ラグネルというのは、北欧の戦いの女神の名前なのです。戦士の魂に勇気を吹き込み、知恵を授け、正義を指し示し、斃《たお》れたあとは、安らかな死の褥を与えるのが彼女の役割でした。だから、彼女はかつて女神であったものが、不当な力によって自分の意志を取り上げられ、醜い老婆や魔女にされた、哀しい女性の歴史の象徴なのです。

強い魔力を持ち、賢い女性であったラグネルは、ガウェインという善き伴侶を得て、幸せなお嫁さんになるのですが、時々物足りなさを感じることもあったのではないでしょうか。

ガウェインの結婚の後日談に、「ガウェインとレディー・ラグネル」というのがあります。このなかで、鮮やかな機転を見せたラグネルに対し、ガウェインが「君は魔女か」と聞くシーンがあります。ガウェインのような理解のある夫ですら、女性が力を見せると「魔女」と呼ぶのですね。危ない、危ない。

この時、ラグネルは「私はあなたの妻よ」と慌ててはぐらかしています。

もちろんガウェインは純粋で優しい男性です。

しかし今、この話は女性の自立に異性との幸福な結婚が必要と取るより、もっと広く、友人や恋人といった理解者の必要性、あるいは心の内なる、かつては男性性と呼ばれていたものとの統合と解釈した方がよいのかもしれません。

魔女たちへ

このお話を最初に持ってきたのは、これから本書でお話ししていく女性は、皆「自分の意志を持つ」ことを願った魔女たちだったと思うからです。実際、本当に魔女と罵られ、火あぶりにされた人も出てきます。

彼女たちは、女であるというだけで差別される世界にあって、決してくじけることなく、自分の意志を求めて戦い続けました。邪悪な呪いに立ち向かい、知恵と勇気と時には男をもしのぐ腕っぷしによって、理不尽を世の中ごと、力ずくでひっくり返そうとしました。

彼女たちの願いは最後にはかなったのか？　そんなことを考えながら、これからのお話を読んでいただけると幸いです。

それでは、次章から魔女たち、いいえ、女神たちの話をしていこうと思います。すべての女性が「自分の意志を持つこと」、それがかなう世界が来ることを願いながら。

引用・参考文献：
『中世騎士物語』（ブルフィンチ著、野上弥生子訳、岩波文庫）
「世界史講義録」（金岡新著 https://timeway.vivian.jp）
『アーサー王物語　痛快　世界の冒険文学』（阿刀田高著、加藤直之絵）
『図説　金枝篇』（ジェームズ・ジョージ・フレーザー著、メアリー・ダグラス監修、サビーヌ・マコーマック編集、吉岡晶子訳、講談社学術文庫）

第二章　アステカ王国を滅ぼした女　神の通訳マリンチェ

実母に奴隷として売られたマリンチェ

「こんな世界滅んでしまえ」

不公平で理不尽な労働条件、育児や介護、女性にばかりのしかかる家族内の負担、肝心なことは何もしないくせに余計なことだけはてきぱきする政府、良心と勇気に欠けた灰色の男たち。

疲弊する毎日のなかで、そう願ったことはないでしょうか？

この願いをまだ二十歳にも満たない少女がかなえたことがあります。

彼女の名前はマリンチェと言います。

マリンチェは西暦一五〇二年、南米アステカ（現在のメキシコ）で生まれました。父親はパイナラという街の首長で、貴族階級の人でした。マリンチェはお姫様として、蝶よ花よと育てられるはずだったのですが、幼い頃に父が死んでから、運命は暗転します。別の男と再婚した母は息子が生まれたため、娘が疎ましくなり、何と隣国マヤのタバスコ州に奴隷として売り払ったのです。

マリンチェは、カカオ色のなめらかな肌、砂糖菓子のようにきらめく歯、黒いダイヤみたく光り輝く目。アステカ人が好んだ比喩を使わせてもらえば、コンゴウインコのように美しい少女でした。

十代の前半だった彼女は、人手から人手へと渡り、その間に自分一人で一生かかえなくてはならない秘密がいくつも出来ました。やや成長してから、マリンチェはタバスコ王の目に留まり、王の妾になります。しかし、王は位が高いだけで、つまらない醜い男でした。望まぬ性の伴侶をつとめながら、マリンチェはこの世界への憎しみをつのらせていきました。隷従と屈辱の日々のなかで、マリンチェが心の救いとしていた、アステカの神話の一節がありました。

「一の葦の年、羽毛ある蛇、白い肌と長い鬚を持った破壊の神、ケツァルコアトルが帰って来て、この世界を滅ぼし尽くすであろう」

そして、マリンチェが十七歳になった一の葦の年（アステカ暦はトナルポワリという東アジアの干支のような紀年法を採用していた。一の葦の年はそのトナルポワリでの年の表し方)、西暦で言う一五一九年、ケツァルコアトルの去ったという西の方角から、数百年一度も破られることのなかった水平線を純白の帆で割って、本当に白い肌を持った男たちがやって来るのです。

そこから何が起きたのか、あらましをお話ししましょう。

白い肌の男たち

彼らは巨大な犬のような生き物に乗り、毛むくじゃらで、見上げるように背の高い人たちでした。タバスコ王の領土に上陸してきたので、王は退去するよう兵を派遣して勧告します。しかし、白い肌の男たちの持つ棒から大きな音とともに火が噴くと、兵隊たちは魔法をかけられたように斃れました。

タバスコ王は恐れおののき、白い肌の男たちに恭順することにします。彼は仲直りの印として、黄金や美しい布、二十人の娘を献上しました。この二十人のなかにマリンチェの姿もあったのです。

他の娘たちが恐ろしさに泣き叫ぶなか、マリンチェの胸だけが喜びに踊っていました。

ついに来たのです。神が。自分を迎えに。この悪しき世界を懲罰するために。

白い肌の男たちは南米の黄金を求めてやってきた、コンキスタドール、征服者と呼ばれるスペイン人たちでした。首領はエルナン・コルテスという貧乏貴族で、スペインにいてもうだつが上がらないため、一旗あげるため新大陸にやってきたのでした。

コルテスは勇敢でずるがしこい上に、腕っ節も強く、およそ男の美徳と呼べるものは良心以外ならすべて持っている人でした。マリンチェは、コルテスが傲慢で、情け容赦のない精神の持ち主なことに満足しました。彼女の待ち望んでいた神はこういった男でなければならないのです。

マリンチェは美貌と聡明さで、たちまちのうちにコルテスの心をとらえると、ベッドの上で愛を交わしながらささやきました。

「コルテス、あなたをこの世界の神様にしてあげるわ。私のふるさとアステカはタバスコよりももっと豊かな場所。そこで何もかもすべてを奪い尽くしてやりましょう」

神の通訳

こうして、マリンチェはコルテスの愛人兼参謀になりました。

彼女はもともとスペインの食い詰めものの集団でしかなかったコルテスたちをケツァルコアトルの化身と宣伝し、アステカ人たちを恐怖のどん底に突き落としました。

太陽の延命を図るために、毎日のように莫大な生贄を捧げていたアステカ人たちの宗教心は信心深いなどという生半可なものではなく、彼らは自分たちのことを宗教という巨大な人形劇のなかで役割を演じる人形のようにとらえていました。神話のなかに自分たちの運命が滅びると書いてあるのなら、それに従う他ないのです。

そして、その劇の監督と演出をするのは、マリンチェといういまだ十七歳の少女なのでした。

語学の才能に優れていた彼女は、もともとアステカの言葉であるナワトル語と、奴隷として売り飛ばされたマヤ地方のマヤ語のバイリンガルだったのですが、スペイン語もたちまち習得し優秀な通訳となりました。

常にコルテス＝ケツァルコアトルの側にたち、神の言葉を伝える彼女のことをいつしかアステカの人たちは「神の通訳」と呼ぶようになりました。

そして、この通訳を通じて厳かに啓示される神の言葉はただ一つ。

「みんな死ね」

アステカの首都、テノチティトランへと向かう、コルテスたち一行の通り過ぎた後には、地獄のような光景が残されました。猛犬をけしかけられて殺された人たち、木にくくられた母親、その足首にくくりつけられた赤子の死骸。チョルーラという大きな街では、街の有力者たちがおびき出され、全員、剣で切り刻まれるか、火あぶりにされました。

そして、血で足跡を印したような血なまぐさい旅路の果てに、コルテス一行はアステカの首都テノチティトランにたどり着きます。イシュタクシワトル山とポポカテペトル山の間の、嵐の小道と呼ばれる峠から首都を見下ろすと、テスココ湖に浮かぶテノチティトランは大きな蓮の花が咲き誇っているようで、その美しさにさしものコンキスタドールたちも声がなかったといいます。

世界最大の都市を廃墟に

アステカの偉大な王、モクテスマ二世はコルテスたち一行を敬意と誠意をもって歓迎し、愛と友情に支えられた交際を今後結んでいくことを求めました。

しかし、マリンチェの言葉は、偽りと欺瞞に満ち、純粋な王を困惑させ、ついには絶望させました。そして、一トンもの黄金を言葉巧みにだまし取った挙句、コルテスとマリンチェは王を自分たちのもとに軟禁し人質にします。王国中の富は、もはやアステカ王にではなく、スペイン人に貢納されるようになりました。

当然、アステカ王の家臣からは不満が噴出、スペイン人に立ち向かうよう王を突き上げるのですが、王は戦いには一貫して消極的でした。アステカの王は地上の行政長官である前に、何よりも神に仕える祭祀王なのです。そのため、神話の預言の年に、預言通りの姿で現れたスペイン人たちにはなすすべがなかったのです。

そこまで読み切って、マリンチェはコルテスを誘導し、王を脅迫し続けました。

そして、アステカ人にとって最も大事な太陽神を祝う祭儀の最中、事件が起きました。興奮した群衆が軟禁されている王の邸の回りに集まり、慰めの踊りを舞っている最中にスペイン人たちが発砲したのです。

群衆のなかにはアステカの精華とも言える貴族たち二千人の姿もありました。

アステカの輝かしい歴史のなかで、詩や、祭りの歌や踊りのなかで、その栄光が称えられ語り継がれてきた高貴の血筋のほとんどが、この時に死に絶えました。

それでもなおモクテスマ王は宥和政策を維持しようと、怒り狂う民衆に向けて平和を訴えるのですが、群衆の投げた投石を頭に受けて死亡してしまいます。マリンチェの言葉に翻弄され、国も財産も誇りも名誉も何もかもを奪い尽くされた果ての最期でした。

その後、若き英雄、クアウテモックを擁して企てられた反乱によって、一時スペイン人たちはテノチティトランから撤退するのですが、スペイン本国やアステカに敵対的な南米諸国の兵を集めて軍を再編成すると、再度テノチティトランへ侵攻。

そして、三か月の激しい攻防戦の末、一五二一年八月、南米に覇を唱え、世界でも最大の都市だったテノチティトランは陥落します。

かつて三十万人の人口を抱え、世界最大級の都市だったテノチティトランは、完全な廃墟と化しました。青空を映して輝いていたテスココ湖は赤く濁り、硫黄の煙が天に向かって立ち昇っています。路上には戦死者だけでなく、スペイン人の持ち込んだ天然痘による死骸も山と積まれています。そして、その頭上には、生贄を捧げる民族を失った太陽が、真っ黒に禍々しく懸かっていました。

廃墟の街を歩きながらマリンチェの心に去来したのは、復讐を遂げたことの満足だったのでしょうか。しかし、同胞たちから魔女と罵られながら、彼女にはもう一つの歴史的役割が残っていました。

史上初めてのメスチーソを産む

彼女のお腹には新しい命が宿っていたのです。コルテスとの子供であり、史上初めてのメスチーソ、征服者と被征服者の間の混血児でした。

子供を産んだあと彼女はつきものが落ちたようになりました。自分を奴隷に売った母親と再会したときも「あなたはただ無知だっただけなのです」と鷹揚に許しています。後に、この母親はマリンチェの息子と共にキリスト教に帰依しました。

そして、静かな若い晩年を過ごした後、一五二七年、マリンチェはわずか二十五歳でこの世を去りました。

やがてアステカの跡地にはメキシコという新しい花が咲くことになります。この国は、自分たちのルーツをスペインではなくアステカに求めています。そして、その主要な住民は、マリンチェが初めて生んだメスチーソの人々でした。

マリンチェは、古い世界を滅ぼし尽くした魔女だったのでしょうか？　それとも新しい世界を生んだ女神だったのでしょうか？　あなたはどちらだと思いますか？

いずれにせよ、マリンチェの子孫たちは、彼女のことを、もう激しく憎んではいないようです。ベラクルスの街には、未来の象徴として彼女の像が建立されています。銅像のマリンチェは怒りも憎しみも過ぎた、穏やかな目で、メキシコの行く末を見守っています。

引用・参考文献：
『アステカ王国　文明の死と再生』（セルジュ・グリュジンスキ著、斎藤晃訳、創元社、一九九二）
『図説　アステカ文明』（リチャード・F・タウンゼント著、増田義郎監修、武井摩利訳、創元社、二〇〇四）
『古代マヤ・アステカ不可思議大全』（芝崎みゆき著、草思社、二〇一〇）
『悪いお姫様の物語』（リンダ・ロドリゲス・マクロビー著、緒川久美子訳、原書房、二〇一五）
『メキシコの夢』（J・M・G・ル・クレジオ著、望月芳郎訳、新潮社、一九九一）

第三章　男を犯して子をなす　女戦士部族アマゾーン

男を犯して子供を作る？　アマゾーンの伝説

伝説の女戦士部族、アマゾーンを知っていますか？　古代ギリシャ神話は彼女たちの勇姿をいきいきと描いています。

武装した女性で構成され、狩猟の女神アルテミスを崇拝。リーダーは知勇に優れた二人の女王がつとめ、政治はすべて女性だけの手でとり行いました。人類で初めて馬に乗った人々とされ、優秀な騎手であるとともに弓の達人でした。

子供は近隣の部族の男とセックスするか戦争で得た捕虜を犯して得ます。男の子は父親のもとに返すか荒野に捨て、女の子だけ手元に置き戦士として育てるのです。

彼女たちは小アジア（現トルコ）のテルモドン川（現テルメ川）下流のテミスキラを本拠とし、一時はその武勇でアナトリア半島を席巻、エフェソスなど数々の街を創設しました。

しかし、ヘラクレスをはじめとする英雄たちとの戦いによって衰退し、最後はアキレウスに女王ペンテシレイアを討たれ滅びたとされています。

実在する女戦士の墓

女によって統治された女戦士の集団。アマゾーンの伝説は、これまで長く荒唐無稽な作り話であると考えられてきました。

しかし、一九九四年、アメリカの女性考古学者ジーニー・デービス・キンバルは、ロシアの草原ポロコヴカで古墳を調査中、衝撃的なものを発見します。

それは、矢尻や剣などとともに埋葬された女性たちの骨でした。

手には弓弦をひいた跡があり、坐骨は乗馬のためにすり減っていました。副葬品の豪華さからも、彼女たちが部族のなかで重要な地位を占め、武器を取って戦える戦士であることは明らかでした。

デービスは古墳に眠る彼女たちの姿をこう表現しています。

「骨はしっかりしていてタフ。一七〇センチ以上ある人も何人かいるわ。皆、大きくて活き活きとして強そう。そして誰もがきっぱりと自立しているの」

彼女たちはサルマタイと呼ばれる、紀元前七〇〇年頃、黒海付近を駆けまわっていた遊牧民でした。

そして、この発見によって、アマゾーン伝説の信ぴょう性も高まりました。なぜなら、古代ギリシャの歴史家ヘロドトスによると、サルマタイ人は他の遊牧民スキタイ族を父に、アマゾーンを母にして生まれた民族とされているからです。

アマゾーンの一部はギリシャとの戦いに敗れた際、奴隷として船でギリシャに連れ去られそうになるのですが、反乱を起こし乗員を皆殺しにしてしまいます。しかし、操船のやり方は知らなかったため、嵐にあって黒海の北岸に漂着。そこでスキタイの若者に求婚され、新しい民族を作ったというのです。

アマゾーンの正体とは?

デービスは、自分の発見をアマゾーン伝説と結びつけることには慎重ですが、オーストリアの歴史家、ゲルハルト・ポーラーはギリシャのリムノス島や黒海南岸に広がる女性優位社会の考古学的痕跡をもとに、アマゾーンに関する大胆な仮説を唱えています。

彼によると、もともとこれらの地域には、新石器時代以来、母親から家系と財産が引き継がれ、家長に女性が就くのも珍しくない、母権的な国家があったというのです。

その傍証の一つに、紀元前十五世紀から小アジアに覇を唱えた強国ヒッタイトも、彼女たちのおひざ元といってもいい黒海南岸や、エーゲ海沿岸には進出することが出来ませんでした。この空白はギリシャ神話でアマゾーンが活躍した場所とぴったり一致します。また、ヒッタイトの年代記には王が、「古い女」と通称される魔女！のような集団に悩まされたという記録も残っています。

ヒッタイトは、アマゾーンと上手くやっていたようですが、紀元前十二世紀、海の民と呼ばれる謎の民族による襲撃をきっかけに滅亡。空白となった小アジアに、二つの民族が台頭します。一つはフリギア人。もう一つは古代ギリシャ人です。

イーリアスでトロイのプリアモス王は、若い頃フリギア人を助けてアマゾーンと戦ったことがあると語っていますし、アテナイのテセウスは、女王の妹アンティオペーを誘拐し、アマゾーンとの大戦争を引き起こしています。

これらの逸話は、彼らが小アジアへ植民活動をしていくなかで、実際にアマゾーンと激しく衝突した歴史を反映しているのだと思われます。トロイ戦争がヘレネーという美女の取り合いで起きたことからも分かる通り、フリギア人も、古代ギリシャ人も、マッチョな民族でした。

まわりが次々と、男たちの支配する父権的な社会へと塗り替えられていくなかで、アマゾーンも男を追放し、女だけのより先鋭的な集団を作り上げざるを得なかったのでしょう。つまり彼女たちは、新石器時代から続く母権的社会を守り抜こうとした、最後の女性たちだったのです。

そして、彼女たちは強かった。

プルタルコスの英雄伝によると、テセウスとの大戦争の際、彼女たちはアテナイにまで侵攻し、男たちを数多殺し、各地に自分たちにまつわる地名を残しています。

しかし、奮闘もむなしく、その後の歴史は男主導で進んでいくことになります。

それは、なぜ？

アマゾーンの真の敵

デービスは同様の質問をされた際「やっぱり男のフィジカルの方が強いからかしら？」と答えていますが、私は違う考えを持っています。

武勇の差ではなく、現代の女性も直面している、出産と育児の問題だったと思うのです。

トロイの戦争後、男の英雄たちが故郷に戻ると、彼らには成長した子供が待っていました。しかし、アマゾーンの女王ペンテシレイアは子供を得ることは出来たのでしょうか?

戦争に参加した女戦士たちは、生命を再生産する営みに参加することは出来ません。しかし、男戦士の場合、家に残した女たちに自分たちの子供を孕み育ませることが出来るのです。

さらに、次代を担う子供の数は男でなく女の数に依存するので、男戦士が死んだところで別にどうってことはないのですが、女戦士の場合は集団の維持に即打撃を受けます。つまり彼女たちは男に負けたわけではないのです。彼女たちは、男の後ろで「家」を守った女たちに負けたのです。

この不愉快な事実を暗喩するように、ヘラクレスをそそのかしアマゾーンに最大の打撃を与えたのは、女神ヘラでした。彼女はゼウスという浮気性の夫を持ち、いつも焼き餅ばかり焼いてちっとも幸せそうでないくせに、貞節と結婚、そして母性の守護神なのでした。

アマゾーンの末裔はいるのか?

では、アマゾーンの夢、女性が自身の意志を貫ける社会を築くという夢はついえたのでしょうか。

決してそんなことはありません。この本をここまで読んだ方は既に彼女たちの子孫の物語を知っています。ヘロドトスの『歴史』によると、スキタイの若者に求婚されたアマゾーンは、こんな条件を出しました。

「私たちは弓も引き、槍も投げ、馬にも乗れるけど、あなたの国の女たちは(馬が曳く)車のなかで女の仕事だけに精を出しています。折り合って暮らすことは出来ないでしょう。私たちがあなたの家に入るのではなく、あなた方が私たちのところに来てください」

スキタイの若者が従うと、さらにアマゾーンは要求を重ねます。

「私たちは親からあなた方を奪ったわけで、この土地に住むのは何だか恐ろしくて不安です。一緒にここを去り、タナイス河(ロシアのドン川)の向こうへ移り住みましょう」

スキタイの若者たちはこれにも「あなたの好きになさい」と答えました。そして、彼らは遥かな東方の草原世界に旅立っていったのです。

アマゾーンを母、スキタイを父とし、女戦士の習俗を守ったサルマタイ人は、スキタイが滅び、古代ギリシャ世界が崩壊した後も生き延び続けました。ローマ帝国の末期には西方に戻ってきていたようで、傭兵として斜陽の帝国を支えました。

そして、西暦一七五年、時の皇帝はサルマタイ兵五千の精鋭からなる部隊を編成、混乱の極にあるブリタニアに派遣しました。片道切符だけ渡された決死隊のような任務でしたが、多くの女性戦士を含むこの兵団は、見事な戦い振りを見せブリタニア・ガリアに一時的な秩序をもたらします。

彼ら彼女たちはその後もブリタニアに駐在し続け、六世紀にはサクソン人の侵略もはね返します。

サルマタイ人たちはその後長い歴史のなかでブリトン人と同化したようですが、彼らのことを人々は決して忘れなかったようです。その活躍からあの宝石のようなお話たち「アーサー王の物語」が生まれました。

だとすれば、第一章でお話しした、「すべての女が望むものは何か」という問いの答えを知っていたあの美しく聡明な魔女「ラグナル」もまたアマゾーンの子孫だったということになるのです。

引用・参考文献：
『The Lost History of the Amazons』（Gerhard Pöllauer, lulu.com, 2010）
『The Amazons: Lives and Legends of Warrior Women Across the Ancient World』（Adrienne Mayor, Princeton University Press; Reprint edition, 2016）
『プルタルコス英雄伝』（プルタルコス著、村川堅太郎編、ちくま学芸文庫、一九九六）
『歴史』（上・中・下）（ヘロドトス著、松平千秋訳、岩波文庫、一九七一〜二）
「THE WOMAN WHO FOUND THE LIVING AMAZONS」（WOMAN THOU ART GOD）http://www.womanthouartgod.com/daviskimball.php
「the amazon warrior women: were they real or just a myth?」（Gillian Clive）http://lipmag.com/featured/the-amazon-warrior-women-were-they-real-or-just-a-myth/

第四章　早馬を駆る　女騎手・すみとスミス

思いっきり走ること！

二〇一五年、ある映像がネットで話題になりました。家庭用洗剤でおなじみのプロクター・アンド・ギャンブル（P&G）が「女の子らしいって？」をテーマに作ったCMです。

女の子らしく走って。
女の子らしく戦って。
女の子らしく投げて。

CMではそんな指示を大人の女性や男性、少年に出します。

すると、大人たちはおかしそうに笑った後、女性は内股で髪を気にする振りをしながら足をパタパタさせ、男性は腰も肩もまったく入っていない猫がひっかくような仕草をしました。少年が手首だけで放った想像のボールはすぐ落ちて、彼はあーあと無気力に言いました。

一方、当の十歳くらいの女の子たちに、同じ指示を出すと、彼女たちはキリッとした顔をして、精一杯走り、投げ、パンチしました。皆、立派で強そうで、犯しがたい威厳がありました。

インタビュアーが、走り終わった女の子の一人に「女の子らしく走るってどういうこと?」と聞くと、彼女はこう答えます。

「思いっきり走ること (It means run as fast as you can)」

どうして女の子たちは、思いっきり走ることから遠ざけられてきたのでしょうか?

それは速さこそ力、支配力の源であったからだと思います。今でも、車や飛行機、船の運転手として、思い浮かぶのはまず男。速さを独占することで、男たちは女を屈服させてきたのかもしれません。

そして、そうした速さ、自身の足でかなう以上の速度を、人類に初めてもたらした馬からも女性は排除されてきました。

ギリシャ神話によれば、人類で最初に騎乗したのは女だけの戦士部族、アマゾーンなのだそうです。

彼女たちに追いかけ回されたトラウマからか、女性が馬にまたがり競馬の世界に進出しようとすると、男たちは決まって金切り声をあげました。

一九六八年、アメリカでペニー・アン・アーリーが、女性として初めて騎手ライセンスを取得するのですが、男性騎手はそろってレースをボイコット。結局、アーリーは一度もターフを走れないまま、引退を余儀なくされました。

こうした女性排除の風潮は、日本、オーストラリアでも同じで、本章で紹介する、斉藤澄子、ウィルヘルミーナ・スミスはその犠牲者といってよいでしょう。しかし、彼女たちは、ただやられるだけではありませんでした。

遠く離れていながら、馬への愛情に関して姉妹のように似通っていた二人は、男尊女卑の競馬界に男装までして潜り込もうとするのです。

では、二人の物語をご紹介しましょう。

馬がすみか、すみが馬か

一九一三年（大正二年）一月、岩手県厨川《くりやがわ》村（現在の盛岡市）の農家に一人の女の子が生まれました。

名を斉藤澄子といいます。

南部地方でよく見られる母屋と馬屋が一つとなった曲り屋で、人と馬が抱き合うようにして暮らしている一家でした。寝藁をおくるみに、馬の吐息を子守歌代わりに聞いて育った澄子は、自然「馬っこ」大好きな少女になりました。

妹スケによると、彼女はもう三歳の時には馬に乗っていたといいます。

そんな幼い子がどうやっていたかというと、澄子が「乗るよ」と声をかけると、馬の方から首を下げてきたのだそうです。小さな澄子は、鼻面からヨイショヨイショとよじ登り、それから、背中の方へ器用に「チャッ」と回るのでした。

大人が五人かかっても馴らせない暴れ馬も、澄子が乗ると嘘のようにおとなしくなりました。

「すみは馬の生まれ変わりだ、『馬がすみかすみが馬か』って言われてたんでがんす。まるで馬っこと話ができるみてえでした」

細貝さやか『斉藤すみの孤独な戦い』には、妹スケが幼少期の姉のことをそんな風に語っていたことが記されています。こと馬に関してなら、彼女は大人の男にも負けない天才少女だったのです。

澄子の馬好きは、馬喰でもあった父の存在も大きく影響していましたが、その父は彼女が十四歳の時、肺病で亡くなります。母も体が弱く、澄子は学校をやめざるを得なくなりました。

当時、こうした境遇の女の子は、どこか奉公にやられ、年頃になったら適当な結婚相手をあてがわれ、一丁上がりと片付けられるのがお定まりのコースでした。しかし、澄子は「馬がすみかすみが馬か」と謳われた自身の天稟を、そんなことで台無しにしようとはしませんでした。

父の馬喰仲間に弟子入りすると、大好きな「馬っこ」と共に暮らす道を選んだのです。

そして、仕事で行った盛岡の黄金《こがね》競馬場で競馬と出会います。

優れた筋肉に恵まれた、選り抜きの美しい馬たちが、広いターフを駆け巡る姿に澄子は魅了されました。そして、それを駆る騎手を見て、

「私もなりたい！」

そう強く願うようになったのです。

といってもまだ競馬学校のような気の利いたものはない時代。騎手になるには、調教師に弟子入りして、男ばかりの兄弟弟子と厩舎に住み込み、怒鳴られたり引っぱたかれたりしながら、体で仕事を覚える他ありません。

おまけに、当時の競馬界は、寝藁を女がまたいだだけで穢れると嫌がられる男尊女卑の世界です。「女は騎手になるべからず」というルールこそありませんでしたが、それは単に誰もそんなことを思いつかなかったからに過ぎないのでした。

幸い、馬喰の親方のつてもあり、福島競馬場の調教師に弟子入りすることになりましたが、その時、師匠は一つの条件を出しました。

「間違いが起きないよう、髪も服装も男になり切ること」

この言いつけを澄子は守り、髪は切ってオールバックに、胸の膨らみはさらしをきつく巻いて隠しました。

男装して騎手修業

ただ、後に「小柄でポチャポチャとした美人型」と新聞に書かれることになる十六歳の娘が性を偽るのは、やはり無理があったようです。

結局、同宿の四人の兄弟子たちにはすぐばれました。しかし、兄弟子たちは正体がばれても邪険にせず、逆に事情を聞いて感激、澄子を応援してくれるようになりました。

澄子は、現場というか、半径五十メートルの範囲だと、男たちの支持、応援を得ているんですね。それは、澄子のどんな雑用でも進んでやる生真面目さ、馬のことだったら誰にも負けない実力、そして、夢にかけるひたむきさに打たれてのことでした。

女であることは公然の秘密となり、周囲の理解も得、まずまずという感じで修業生活を送っていた澄子ですが、不運が襲います。師匠が急病で倒れたのです。厩舎は解散となり、澄子もやむなく故郷の岩手に帰ります。

「……乗馬ズボン履いて、馬に乗って颯爽とこの道を歩いていました。男装でね。私はまだ子供だったけど、カッコいいなあと思って眺めていましたから」

この頃の澄子の姿を覚えていた古老がそう語っています。(吉永みち子『繋がれた夢』)

澄子にとっては無念の雌伏の時期でしたが、狭い村に住む子供にとっては、外の新鮮な空気をまとい、今とは比べものにならないくらい強いジェンダー規範からも自由に振る舞う澄子は、颯爽と見えたのでしょう。

しかし、発展を続ける競馬界、何より澄子のなかの馬に対する愛情が、彼女を郷里の小さな世界にとどめておくのを許しませんでした。

折しも、一九三二年四月二十四日、目黒競馬場で第一回東京優駿大競走、いわゆるダービーが初めて開催されます。一万人の大観衆を迎えての熱い競走の様子を、ラジオで聞いた澄子の胸のなかでまた熱い火が点りました。

ついに騎手試験に合格

澄子は今度は東京競馬場の名調教師・谷栄次郎に弟子入りします。谷も澄子の才能に惚れ込み、熱を入れて指導しました。

その甲斐もあって、澄子の腕はめきめき上達。

一九三四年、二十一歳のときには、騎手試験に初めてチャレンジ出来ることになります。

しかし、学科も実技試験も抜群の成績をおさめたのにもかかわらず、結果は不合格。帝国競馬協会が伝えた理由は「風紀上の問題を起こす恐れがある」という理不尽なものでした。

布団をかぶって悔し泣きした澄子は、そんな疑いもたれないくらい男っぽくなろうと、この頃から、キセルで刻み煙草を喫むようになります。

翌三五年、師匠の谷は澄子を連れて、京都競馬場に厩舎を移しました。より進歩的という評判のあった京都競馬場なら、騎手試験合格の目もあると期待してのことです。

京都に移ってからも、澄子は男装を続けながら研鑽を重ねました。

その姿は痛々しいようでもあり、この頃の澄子と付き合いのあった元調教師はこんな風に証言しています。

「私たち関係者は、すみちゃんが女だと知っていた。それでも彼女は、声も仕草も服装も、男になり切っていたね」（島田明宏『伝説の名ジョッキー』）

しかし、京都競馬場は東京と比べると確かに風通しがよく、幹部のなかにも澄子を応援するものが出ました。

そして、三六年三月、二十三歳の春、ついに澄子は騎手試験に合格します。

日本初どころか世界初の女性騎手誕生に、マスコミは沸き立ち、澄子は一躍話題の人となりました。

新聞に掲載された写真が残っていますが、ハンチング帽を被り、背広にネクタイと男装した澄子は馬の手綱を握り、緊張から唇を初々しくキュッと結んでいます。

「ただ子供の時から好きなことが仕事となつたので辛いとはおもひません。男の人に伍して立派にやつていけるかどうか、兎に角ベストをつくします」

記事のなかでそう語った澄子。彼女には輝かしい未来が待っているはずでした。

女は騎手になれない？

運命が暗転したのは、東京の新聞に「女騎手出現」と見出しがつけられた風刺画が出たことです。「追込みトタンに猛烈なウインク……」というキャプションとともに、ウインクする澄子と、落馬する男性騎手という戯画が描かれていました。

こうした揶揄をされないようにと、競馬界の門をくぐって七年男装を続けた果てに、受けた愚弄でした。この記事が影響してか、帝国競馬協会から、間近に控えた澄子のデビュー戦に待ったがかかります。

そして、ほどなく農林省から正式な通達が届きました。

「女性騎手のレース出場はまかりならぬ」

ある新聞は、この出来事を、「男女騎手間の風紀問題や恋と勝敗のデリケートな関係等を考慮した結果」と報じました。

デビュー戦を勝利で飾らせてやりたい親心から、調子のよい馬の順番が来るまで、初陣を日延べさせていた谷は、

「あの時、どんな馬でもいいから一度レースに乗せてやればよかったなあと、つくづく思います。一生の思いを満たせてやれたのに……」

と、終生悔やんだといいます。（鵜飼正英『競馬紳士録』）

ただ、同年、全国十一の競馬倶楽部と帝国競馬協会が統合して、日本競馬会が新しく設立されました。

旧弊も一掃され、女性騎手のレース出場を認めてくれるかもしれないと、澄子と谷は一縷の望みをかけていたのですが、翌三七年、新しい組織が出した新しい規定には以下の一文がありました。

「騎手にありては満十九歳以上の男子にして、義務教育を修了したる者とすることを要

す」

さらしの下の白い豊かな胸

失意の澄子ですが、谷とともに出張した新潟で一つの出会いをします。新潟競馬場側の飯屋で働いていた芳江という十六歳の少女です。二人は意気投合し、一緒に暮らしたいと望むようになりました。

寺山修司の『競馬放浪記』では、二人の関係を「出来てしまった」と記しており、他にもドロドロの同性愛に陥って馬を捨て駆け落ちした、とゴシップ的に書いているものもあったようです。

しかし、実際に取材で芳江と会った吉永みち子氏は、その際の印象から、当時の彼女のことを「向学心に富んだ利発な少女」と表現しており、ドロドロなどと、揶揄される筋合いのものではなかったようです。

想像するに、傷心と挫折に打ちのめされていたにもかかわらず、澄子は、新潟の低い空の下に住む少女にとってまばゆい存在だったのではないでしょうか。向学心に富もうが、利発だろうが、いずれ女という限界にぶち当たらざるを得ない時代に、ハンチング帽に背広にネクタイ、煙草をくゆらせながら、荒っぽい競馬界で曲がりなりにも男と伍して生き抜いている澄子は、自由の象徴だったのかもしれません。

芳江のことがきっかけで馬を捨てたというのも嘘で、澄子が終生、騎手としてターフを駆ける夢を捨てていなかったというのは、芳江をはじめとする関係者が口をそろえて、証言していることです。

ただ、芳江との交際を師匠の谷は許すことが出来なかったようで、澄子は京都競馬場を去りました。そして、芳江とともに千葉に移り、今度は中山競馬場で働きます。

しかし、男装しながらの厩舎での過酷な労働、またより男に近づこうと始めた喫煙の悪習は、澄子の体を確実に蝕んでいました。

四二年八月二十二日、父と同じ肺病に冒された澄子は芳江に看取られながら、二十九歳の短い生涯を終えました。

吉永みち子氏の『繋がれた夢』によると、この時、同輩の二人の厩務員が病室に駆けつけたのですが、ちょうど湯灌を終え、着物を替えさせる最中だったといいます。

二人の目に、騎手修業をはじめた十六の時から、さらしで潰されつづけてきてなお、白く豊かな胸が飛び込みました。無性に悲しくなった厩務員たちは病室を飛び出すと、

「斉藤は本当に女だったんだなあ」「やっぱり斉藤は女だったんだ」と泣きながら、厩まで走って帰ったのだそうです。

これが日本人初の女性騎手、斉藤澄子の生涯です。

女の子っぽいビル・スミス

さて同じころ、一九四〇年代のオーストラリア、ケアンズの競馬場にビル・スミスというハンサムな騎手がいました。彼は格式の高いクラシック・ビクトリアン・オークスでも勝利をおさめ、優秀な騎手として有名でした。

ただ、風変りなところがあって、絶対に騎手仲間のまえで着替えようとはせず、シャワールームも決して使おうとはしませんでした。とてもシャイで、同僚と打ち解けることもなく、いつも一人ぼっち。やわらかい話し方もあって、関係者たちはビルのことを女の子っぽいという意味のガーリーをつけて、

「ビル・ガーリー・スミス」

とあだ名しました。

結婚もせず子供もいなかったビルは、レースを引退したあとはケアンズ郊外のドヤ街

に隠棲し、ビール醸造所で働きました。ここでも友達はなく、孤独な老後を過ごした後、七五年、病に倒れます。

そして、かつぎこまれた先の病院で、衝撃的な事実が分かります。

ビル・スミスは女性だったのです！

ビルことウィルヘルミーナ・スミスの人生

彼女が看護師の女性に語ったところによれば、ビルことウィルヘルミーナ・スミスは一八八六年、西オーストラリア州で生まれました。両親はイギリスからの移民で、母親は彼女を生んでまもなく亡くなったそうです。

父親は牧童で、彼女は干し草の匂いに包まれながら、牛や馬、盛んに働く父親の様子を見て育ちました。何だか、澄子によく似た境遇ですね。いずれにせよ、この光景が彼女の一生を貫く原風景となりました。

ウィルヘルミーナは父親を愛していましたが、父親は男手ひとつで子供を育てることに疲れ果て、まだ幼児だった彼女を孤児院に預けました。それでもいつか迎えに来てくれると信じていたのですが、父親はイギリスに一人で帰ってしまい、だいぶ後にそのことを知ったときは「とてもがっかりした」そうです。

孤児院での生活は過酷で、十六歳のときついに耐えられなくなったウィルヘルミーナは、仲間を誘って脱走します。

アデレードに着くと彼女は仕事を得るため男装をはじめます。ここで彼女は、アデレードとケアンズの往復便の水夫の仕事を見つけました。しかし、荒っぽい海の世界にそのうちうんざりしたようで、ある日ケアンズに船が着くと、そのまま飛び出してしまいました。

そして、安住の地として最後に見つけたのが、自分の原点でもある馬の世界だったのです。

澄子と同じく男装して競馬界にもぐり込む

男といつわることで、当時女性には開放されていなかった競馬場にもぐりこんだウィルヘルミーナですが、正体を隠し続けるのは大変なことでした。

彼女の死後、真相を知った元同僚のジョー・マクナマラは、ビルと一緒に出走したあるレースでの出来事を思い出しました。

競技中、二人一緒に落馬した際、ジョーは、負傷して息も苦しそうなビルを楽にしてやるため、服に手をかけます。しかし、ビルはその手をはらいのけ叫びました。

「ノー！　やめて！　大丈夫だから」

三十年近くも後になって、ジョーはビルがそう言った理由を知ったのでした。

また、関係者のなかには、ビルの正体に感づいているものもいたようです。

厩務員の二人の少年が、シャワーを珍しく使っているビルをのぞこうとしたエピソードが残っています。しかし、ビルの方がたくらみに気付いてクソガキどもをさんざんに叩きのめしました。少年が後に語ったところによれば彼らは「死にそうな目」にあったようです。

他にも、騎手仲間が申し合わせて、ビルを控室に閉じ込め、皆で服をひんむこうとしたこともありました。この時は居合わせた給仕が別の騎手に助けを求め事なきを得ています。

これほど危険な目にあいながらも、彼女が男装し競馬の世界に居続けようとしたのは、馬のことが好きで好きでたまらなかったからでした。日本の澄子がそう言われたように、彼女もまた「まるで馬と話が出来るみたい」だったのです。

彼女の表情は、このはかり知れない知恵とやさしさを持つ動物に語りかけるとき、ことのほかやわらかくなりました。引退後も、勤め先のビール醸造所に愛馬に乗って通い、その姿は街の評判になっています。

夫も子もなく、ずっと一人ぼっちだったウィルヘルミーナ・スミス。

しかし、彼女は幸せだったようです。

八十八歳で亡くなる直前、最期の時を過ごした病院で看護師が描いた肖像画が残っています。

青い草原を背景に、白髪を短くかりつめた彼女は、衰えぬ美貌を輝かせながら、見るもの皆をうっとりさせる微笑みを浮かべています。その表情は、力の限り戦い、何事かを成し遂げたもののみが得ることの出来る、自信と満足で満ちています。

——これがスミスの物語です。

二〇二二年五月現在、日本全国で女性騎手は十六名登録されています。名古屋競馬の宮下瞳騎手は二一年十一月に一千勝を達成しました。アメリカのジュリー・クローンは、通算三千七百四勝をあげ、アメリカ競馬殿堂入りを果たしています。

今や世界中で、たくさんの女性騎手が男とまったく対等に戦っています。もちろん、皆思い思いに自分がしたい格好をして。これからも、さらに多くの女性騎手がデビュー、活躍していくことでしょう。

その先駆けとして、頑迷な男たちの群れに単騎で突っ込み風穴をあけた、斉藤澄子とウィルヘルミーナ・スミス。愚かな男たちがガーリーとあだ名した通り、彼女たちは自分の人生を女の子らしく「思いっきり走り抜けた」のでした。

引用・参考文献：
『伝説の名ジョッキー』（島田明宏著、ゴマブックス）
「THE STORY OF WILHELMENA "BILL" SMITH, AUSTRALIA'S FIRST WOMAN JOCKEY」（フィルパーサー、http://www.justracing.com.au）（参照２０１６年3月　現在リンク切れ）
「Wilhelmina 'Bill' Smith」（http://womenshistory.net.au/2005/02/27/wilhelmina-bill-smith/）
「Story behind Australia's first female jockey」（Dan Elsom, http://www.news.com.au/）
『繋がれた夢』（吉永みち子著、講談社文庫、一九九二）

『競馬紳士録』（鵜飼正英著、三恵書房、一九七五）
『競馬放浪記』（寺山修司、ハルキ文庫、二〇〇〇）
「【幻の女性騎手】斉藤すみ」（島田明宏著、https://news.netkeiba.com/?pid=column_view&cid=33106）
『斉藤すみの孤独な戦い（「コスモポリタン」平成二年六月号所収）』（細貝さやか、集英社、一九九〇）

第五章　戦場の女　ジャンヌ・ダルクの百年戦争

女だけが持つ切り札

ｉモード開発者の松永真理さんは、その著書『なぜ仕事するの？』のなかで、とある人事部長のこんな言葉を紹介しています。

「いまの時代、女性が優秀だなあと思うのは手持ちのカードのなかに切り札のジョーカーを持っているからなんです。男にはそれがないから、上司の顔色をうかがったり、自分の意見も言えなくて縮こまってしまう。ところが女性はいざとなればエースさえも切れる切り札を持っているんです。つまり、この会社がすべてではない、といえる強みがあるんですよ」

この会社という言葉を組織に置き換えてみれば、どの時代でも通用する論理かと思います。

生涯、組織・群れのなかでパワーゲームをプレイし続けなくてはならない男に対し、別の選択肢を持つ女性は組織の序列やルールから自由。ときに奔放に振る舞って「空気が読めない」と男側の反発を招いたとしても、彼女たちの働きは硬直化した組織に風穴をあけ変革を促してきました。

今回ご紹介するジャンヌ・ダルクも、そうした女性の持つ強みを生かして、最大限に能力を発揮した人です。よく知られた人物ではありますが、改めてその活躍ぶりを見ていきましょう。

女と戦争は素人こそ恐ろしい

ジャンヌが「フランスを救え」という啓示を受けたのは一四二七年。この頃、英仏の間で前世紀から続いてきた百年戦争はいよいよ大詰めで、神様が十六歳の少女にわざわざこんな啓示を下さなくてはならないほどフランスは大ピンチでした。

首都パリを含む北半分をイギリスに制圧され、最後の砦オルレアンは陥落寸前。王太子のシャルル七世は即位の目途もつかず、スペインかスコットランドへの亡命を考えていたほどだったといいます。

そんな窮地が、神様の啓示を聞いたという以外は何の実績も後ろ盾もない、頭のおかしな娘にフランスのすべての運命を託させることになりました。

しかし、ナポレオンは後に語っています。「女と戦争は素人こそ恐ろしい」ジャンヌはこの言葉を二重に体現することになるのです。

百年戦争を通じて常にフランスはイギリスに対し劣勢で、こと野戦に限って言えば戦えば必ず負けるといっていいほどでした。理由は、大まかに言って二つあります。

一つは、イギリスの秘密兵器、射程距離六〇〇メートルを誇るロングボウの存在。

二つ目はフランスの主力、騎士たちの非効率な戦い方。彼らは騎士道精神に則り、律儀に名乗りを上げてから攻撃を開始しました。おまけに封建領主、要はお殿様の集まりなので命令系統がなく、攻撃のタイミングはバラバラです。

そのため、フランスは百年戦争を通じて、

（1）名乗りを上げている間にロングボウを打たれる

（2）バラバラの突撃をかけている間にロングボウを打たれる

ということを繰り返していました。これでは勝てるはずがありません。

ところが、戦争のプロのはずの男の将軍たちが、この簡単な事実に気付きませんでした。固定観念に支配された組織というのは、古今東西を問わずそういうもので、外部から「ほら、こうしたら卵は立つでしょう」と言われなければ、解決策を見つけられないものなのです。

しかし、素人中の素人だったジャンヌは先入観からは自由。魔法のように、これらの問題を解いてしまいました。

まず第一の問題については、大砲を採用しました。大砲なら、射程距離は八〇〇～一〇〇〇メートル。ロングボウをはるかに超えます。当然、反対意見はたくさん出ました。

その頃、大砲は何故か城攻めにのみ使われるものとされていたのです。

「こいつをあそこの人が固まっているところにぶち込むわよ」

「いけません。騎士道に反します」

「戦争は勝つためにやるんでしょうが。さっさとやりなさい!!」

こんなやり取りがあったかどうかは分かりませんが、ジャンヌが貴族の将軍様たちに対して、というか誰であろうがしかりつけるような口調で話したのは史実です。序列に自由というのは、彼女が持っていた強みの一つでした。

第二の問題に対しては、突撃前の名乗りのような無意味な男のかっこつけは固く禁止。そして、彼女自身が攻撃の先頭に立つことで、指揮系統を一つにしました。彼女は剣よりも好きと語った自前の旗を片手に何万という兵たちに向かって叫びました。

「On les aura！（あいつらやっつけちまおうぜ！）」

フランスの片田舎出身のジャンヌ独特の泥臭い、しかし、それだけに熱いこの掛け声は第一次世界大戦時のフランス軍のポスターの標語にもなりました。

そして奇跡が起きました。イギリスに七か月もの間包囲され、窒息寸前だったオルレアンをたった一週間で解放。さらに、パテーに待ち伏せていたイギリス軍も鎧袖一触といった感じで打ち破り、パリ以南のイギリス側の勢力をほぼ駆逐しました。事実上、百年戦争はこの時に「勝負あり」になったのです。

一四二九年七月十七日、シャルル七世はフランス王家の伝統通りランスの大聖堂で王位につきました。ジャンヌが歴史という大舞台に現れてから信じがたいことにわずか四か月後のことです。王の裾にすがりついて喜びにむせび泣く乙女の姿を見て、誰もが涙したといいます。

ジャンヌの幸運は彼女が理解者、アーサー王の話でたとえれば、ガウェインたちに恵まれていたことにもありました。特にフランス王家よりも裕福だった貴公子ジル・ド・レと、ジャンヌも「優しく美しい私の公爵様」と称えたアランソン公の二人は大親友でした。

皆二十~三十代のまだ若い騎士たちでしたが、このだれかれかまわず怒鳴り散らす、エキセントリックな娘をおかしがりながらもしっかり支えました。確固とした自分自身の原理原則を持ちながら、自由に生きるジャンヌを、時に眩しく見ることもあったのではないでしょうか。

しかし、シャルルの即位によってジャンヌの歴史上の使命は終わったようです。舞台は神の戦いから、戦後処理も見据えた男たちの複雑なパワーゲームに移り変わっていました。ひょっとしたら、この時、ジャンヌは冒頭の女性だけが持つ切り札を切るべきだったのかもしれません。

時代の流れに取り残された少女は、コンピエーニュの戦いで捕虜となります。そして一四三一年、イギリスの卑劣な異端裁判の罠によって、ルーアンで刑場の露と消えたのです。まだ十九歳でした。

彼女の栄光と悲劇は、女性が男社会で能力を発揮する鍵を示すと共に、そこで生き抜き続けることの難しさも伝えているようです。

復権裁判

ジャンヌが死んでから二十四年後、ジャンヌに下された異端の判決を無効とするために、復権裁判が開かれました。ジャンヌに仕えたナイトたちも名誉回復のため法廷に立ちます。

ただ、ジャンヌの親友の一人だったジル・ド・レはこの法廷に駆けつけることが出来ませんでした。ジャンヌが火刑になったことのショックに精神を病み、復権裁判に先立つ一四四〇年、とんでもない事件をおこして火あぶりにされていたのです。罪状は数百人の少年に対するあまりにも猟奇的な殺人で、後にこの出来事を元に「青髯」の物語が出来ます。

もう一人の親友、アランソン公だけが法廷に立ちました。美貌の若者も、この頃には陰湿な王宮政治に消耗し、汚れた中年になっていました。

彼は少女の掲げる旗の下戦場を駆け巡った、二度と戻らぬ輝きに満ちた青春の日々を、我が事ながら神話の様に語っています。その言葉を以て本章の締めとしたいと思います。

「私たちとジャンヌは戦場では同じ寝藁で眠ることもありました。月明かりのなか、彼女がそっと起きて、鎧を脱ぎ、白い肌をあらわにしたのを見てしまったこともあります。でも、誰も決して淫らな気持ちを抱くことはありませんでした。とても、とても、不思議なことに……」

引用・参考文献：

『奇跡の少女　ジャンヌ・ダルク』（レジーヌ・ペルヌー著、塚本哲也監修、遠藤ゆかり訳、創元社、二〇〇二）

『ジャンヌ・ダルクの実像』（レジーヌ・ペルヌー著、高山一彦訳、白水社、一九九五）
『《青髯》ジル・ド・レの生涯』（清水正晴著、現代書館、一九九六）

第六章　女性として根絶できない部分　独ソ戦と女性兵士たち

幼子も戦場へ

一九四一年六月二十二日、硬直した対英戦線の打開のため、ドイツ軍は国境を越えソ連へとなだれ込みました。

人類史上最大、最悪の戦争といわれる独ソ戦の始まりです。

ヒトラーとスターリン、冷酷な独裁者同士の殴り合いは情け容赦が一切なく、投下された火力と共に、蕩尽された人命も桁違い。戦争を通じて、ドイツは四〇〇万～六〇〇万人、ソ連は一五〇〇万人～三〇〇〇万人の死者を出したといわれています。

戦前、ソ連とドイツは不可侵条約を結んでいたため、ドイツの攻撃は完全な不意打ちとなりました。全戦線でソ連は敗退。「一つの世代が消えた」ほどの損失をおぎなうため、ソ連は戦争の初期から男の代わりに女性兵士を活用するようになります。

その数は、八〇万人とも一〇〇万人ともいわれ、軍務も衛生指導員、狙撃兵、機関銃射手、航空兵、高射砲隊長、工兵など様々。その多くが志願してのもので、彼女たちは国のためというより、もっと魂に近い、かけがえのないもの、自分の生まれ育った土地を守るために、自ら戦場に赴きました。

そして、彼女たちが守ろうとした土地の多くは、二〇二二年にはじまったロシアによるウクライナ侵攻の戦場となった土地とも重なるのです。この章では、独ソ戦で戦った女性たちを取り上げ、女性として根絶出来ない部分とは何かについて書くことにします。

夏の盛り、看護師の少女は、前線へ行く途中停車した駅で水汲みに降りた際、次々と過ぎ行く電車が女の子ばかりなことに驚いています。彼女たちは、少女に向かって、明るく歌を歌い、スカーフや飛行帽を振りました。しかし、女の子たちを載せ、花と葉で美しく飾られた電車が進む先に待っていたのは、あまりに凄惨で恐ろしい現実でした。スヴェトラーナ・アレクシエーヴィチ『戦争は女の顔をしていない』(三浦みどり訳)には、その実態が記されています。

「仲間の看護婦が捕虜になってしまったんです……目はくりぬかれ、胸が切り取られていました……杭に突き刺してありました……零下の厳しい寒さで、顔は真っ青、髪は真っ白。十九歳だったのに」

「操縦士が見える、その顔が。女の子だ、と気がつく……衛生輜重で女の子ばかりだって……にやにや微笑みを浮かべているの。愉しんでいるのよ……恥知らずな恐ろしい笑い……美男子だったわ」

初めの頃の戦況は最悪。飛行機も戦車もなく、文字通り徒手空拳でドイツ軍に立ち向かいました。

「生涯忘れられないのは……味方の兵士たちがライフルだけでドイツ軍の戦車に飛びかかっていったこと。銃床で装甲板をたたいているのを見たことよ。たたいて、わめいて、泣いてたわ、倒れるまで」

男物のパンツを穿く女たち

敵だけでなく、女性たちは自軍の男たちの無理解とも闘わなくてはなりませんでした。軍服は男用しかなく手が袖から出ない、軍靴もぶかぶか。下着も初めは男物のみ。射撃手だったある女の子は、戦争で一番恐ろしいことは死ではなく、男物のパンツを穿いていることと語っています。

困ったのは生理。長い行軍の間、彼女たちは柔らかい草を探して、その跡を拭いました。女性たちが進んだあとには、赤いしみが残りましたが、男たちは気づかぬふりをしました。

それでも、女の子たちは、男どもの無理解、無神経さも乗り越えて軍のありとあらゆる分野でその才能を発揮しました。狙撃兵のニーナ・ロブコヴスカヤは三〇〇人以上のドイツ兵を射殺し、また、リディア・リトヴァクは十二機ものドイツ機を打ち落とし、世界初の女性エースパイロットとなりました。

パルチザンとなったゾーヤという女性はドイツ軍に捕らえられ、凄絶な拷問のあと、街の広場で縛り首にされます。しかし、最後の瞬間、こう叫びました。

「わたし達は二億人いる。決して、決して、全員を縛り首にするなんて出来ない‼」

奮戦する彼女たちの姿に、最初は反発していた男たちも次第に受け入れはじめます。戦闘に参加した女性たちは口をそろえて、男たちは立派で、敬意をもって接してくれたと語っています。男たちは砲弾が降ってくると、必ず女性をかばい、食料はまず女性に分け与えました。

女性の存在は戦場にいる全ての男たちにとって救いだったようです。ある瀕死の将校は、看護師の女の子に乳房を見せてくれるよう頼んでいます。恥ずかしくて、何か言った後テントを出た少女がしばらくして戻ってきたら、将校は微笑みを浮かべたまま死んでいました。

女性として根絶できない部分

男にとって女が希望だったように、女性にとっても女であることは大事なことでした。時にそれは自分自身が戦争そのものにならないための最後の砦だったのです。

小鳥、馬、朝焼けの美しさ、スミレの花、黄色いドレス、空色の待雪草、小枝で作ったピン、ウールのワンピース、音楽、歌、ゲットーのユダヤ人の少年と少女のキス、そして涙。

彼女たちの目は、それら奇跡のように焼け残った小さく優しく美しいものたちを、驚くべき解像度でとらえています。「美しさ」それはスヴェトラーナ・アレクシエーヴィチが述べたように、「女性としての存在の根絶できない部分」、女の前の女、女性の本性なのでしょうか。

破竹の勢いだったドイツ軍はナポレオンも屈したロシアの冬のためモスクワに突入することが出来ず、スターリングラードの戦いでは、九万人もの捕虜を出して敗退します。この戦いが戦争の形勢を分ける分水嶺となりました。

ソ連は怒濤の逆襲を開始。ロストフ、ハリコフ、そしてクルスクの大戦車戦。ファシストの軍団をソビエトの女は次々に打ち砕き、一九四五年五月にはついにベルリンを陥落させました。

しかし、勝利の代償も大きく、お下げ髪を切られることを最後まで嫌がった、スターリングラードの白百合、リディア・リトヴァクは壮絶なドッグファイトの末戦死。同じ学校から出征し、コナコヴォ組と呼ばれていた戦車隊の仲良し五人娘も、一人を除いて皆死にました。

生き残った者たちも体と心に傷を負います。ある女性は脳挫傷のため片耳が聞こえなくなり、ある女性は二十四歳で自律神経が全て壊れ、ある女性は母親でも見分けのつかない面貌になりました。戦中に生理が止まり、そのまま子供が産めないからだになった人もいます。

男たちは戦争が終わると掌を返したように冷淡になりました。英雄となった男たちは、かつての戦友を結婚相手には選ばなかったのです。再び『戦争は女の顔をしていない』の中から、女たちに投げかけられた言葉をいくつか引用してみます。

「彼女は香水の匂いがするんだ、君は軍靴と巻き布の臭いだからな」

戦争に行かなかった女たちはさらに辛辣でした。

「で、戦地ではたくさんの男と寝たんでしょ？　へぇえ！」

「戦地のあばずれ、戦争の雌犬め」

やっと帰った実家から母親の手でたたき出された女性もいます。そして、こうした仕打ちから男は女を守ってくれなかった。自分たちだけで勝ったような顔をして。

「立派だとか、尊敬とか言ってるけど。女たちはほとんど全員が独身のままよ……共同住宅に住んでいるわ。誰が彼女たちを哀れんでくれた？　守ってくれたの？　どこにあんたたち隠れてたの？　裏切り者！」

戦いの最中も、そのあとも女たちは涙を流し続けました。しかし、それでも彼女たちが戦争の間、守り続けたもの、男がすぐに忘れてしまう、気持ちや優しさ、慈しみ、それは本当に尊くかけがえのないものでした。

衛生兵だったナタリヤは戦争の終盤、捕虜となったドイツ人少年に、パンを分け与えました。

「信じられないの……。信じられない……信じられないのよ。私は嬉しかった……。憎むことが出来ないということが嬉しかった」

もし戦いに勝つということが、相手を破壊することではなく、最後まで人間らしくあり続けることなのだとしたら、たとえ何一つ報われることがなかったとしても、彼女たちはヒトラーにも、スターリンにも、すべての男たちにも打ち勝ったのです。

引用・参考文献：

『戦争は女の顔をしていない』（スヴェトラーナ・アレクシエーヴィチ著、三浦みどり訳、群像社、二〇〇八）
『どくそせん』（内田弘樹著、EXCEL イラスト、イカロス出版、二〇〇七）
『ヒトラー対スターリン　悪の最終決戦』（中川右介著、ベスト新書、二〇一五）
『独ソ戦　絶滅戦争の惨禍』（大木毅著、岩波新書、二〇一九）

第七章　敵はとことんやっつけるもの　ウクライナの聖人オリハ

土嚢に包まれたキーウの像

二〇二二年二月二十四日に始まった、プーチンによるウクライナ侵攻とそれに伴う数多の残虐行為は、人類が克服したと思っていた野蛮や愚かさが、二十一世紀の今でも変わらず残ったままであることを知らしめ、世界中に衝撃を与えました。

一方、ゼレンスキー大統領をはじめとする、ウクライナの人々の奇跡のような奮戦は、力による理不尽な侵略は許されないこと、虐殺やレイプや略奪では決して人の心は折れないこと、この世界に正義というものがあることを示し、秩序とルール、自由と平和の価値を信じる全ての人たちに勇気を与えているようです。

本稿執筆中の二〇二二年六月の段階で、未だ戦火は激しく予断を許しませんが、一時、陥落も危ぶまれた首都キーウからロシア兵を追い払い、東部・南部戦線でも膠着状態。

プーチンが妄想したウクライナの併合は夢のまた夢でしょう。

むしろ、この戦争を通じて生まれた様々な物語は、曖昧だったウクライナのアイデンティティを確立させたといってよいかもしれません。プーチンの思惑がどうであれ、ウクライナはロシアと袂を分かち、別の道を行くことに決めたのです。

さて、六月十一日の朝日新聞にこんな記事が掲載されました。

「一見では何なのか、理解できなかった。うずたかく積み上げられた土嚢《どのう》。『世界よ、我々を救ってくれ』と英語で書かれたメッセージ。ウクライナ首都キーウ（キエフ）中心部の『聖ミハイル黄金ドーム修道院』前の広場にあり、聖人『オリガ公妃像』が立つ場所だという。その姿を今は想像するしかない」

今回紹介するのは、ロシアの爆撃から防ぐため、土嚢に覆われているこのオリガ公妃、ウクライナ語の発音で、通称キーウのオリハと呼ばれる女性です。

オリハとイホルの物語

十世紀、まだウクライナが神話と伝説の霧に半ば包まれながら、確かな記録の残る歴史という時代に足を踏み入れようとしていた頃、一人の青年がステップの草原に、馬を走らせていました。

彼の名はイホル。この地を支配する若い王子でした。

大きな川の向こうに、美しい毛並みの貂《てん》や狐がたっぷりいる様子の森を見つけたイホルは、向こう岸に渡ろうとします。ちょうど小舟に乗った少年が通りかかったので、

「おい、その舟で私を運ぶのだ」

と高飛車に命令しました。

男の子は少しむっとした様子でしたが、舟を岸につけると王子を乗せてやりました。

「あの森の側まで行ってくれ」

王子の言葉に従って、少年は櫓を漕ぎます。なかなか巧みな操船で、王子が感心していると、川面を進む風にのってふんわりといい匂いがしました。

少年は、フードを目深にかぶっていましたが、よく見ると、細いおとがい、長いうなじ、華奢な手足……イホルがはっとして、フードを払うと、豊かな金髪があふれました。

宝石のような青い目と、繊細で美しい顔立ち。少年と思ったのは、年頃の少女だったのです。

一目惚れしたイホルは、船上で思いを遂げようとします。すると、少女はきっとなってこう言いました。

「私はまだ若いし、高貴な生まれでもない。男の身寄りもなく、自分を守る術もない。それでも、お前は知るべきだ。侮辱に耐えるより、川に飛び込むほうがよいと、私が考えていることを」

イホルは彼女の言葉と毅然とした態度に打たれ、欲望をさやに収めると、その後は黙って少女の操船に身を預け、おとなしく狩り場の森まで運ばれていきました。

さて、それから年は過ぎ、侯を頂いて政治を司る、摂政で実の叔父でもあるオレフが、「そろそろ貴方もお妃をめとらなくてはなりませんな」と言い出しました。

オレフは国中にお触れを出し、高貴な出の姫君たちをキーウに集めました。

ところが誰一人、イホルの心にかなう女性はいません。イホルの眼裏《がんり》には、あのとき舟を操っていた少女の姿がちらつき続けていました。彼の心のなかで、花嫁はもう決まっていたのです。

イホルは全領土を探して、あのときの少女が、オリハという者だということを突き止めると、丁重に使いを遣わし、敬意をもってキーウに迎え入れました。そうして、あの川岸の深い森のなかで、結婚したのでした。

オリハは半分歴史、半分伝説の人物ですが、彼女の物語はこのようなお話からはじまります。

王子イホルは、ウクライナ、ベラルーシ、ロシア、東スラブ三か国の起源とされるキエフ・ルーシ王朝の創始者、リューリクの息子です。

リューリクは元々スカンディナビアに住まうヴァリャーグ人で、キエフ・ルーシの歴史を記した『原初年代記』では、現地のスラブ人から「支配者になってくれ」と乞われ来訪したと書かれています。もちろん、そんな訳はないので、実態は当地の海賊船ロングシップに命知らずの戦士を満載して、勝手にやって来たバイキングでしょう。

リューリクと、お話にも出てきたその弟オレフは、バルト海からヴォルホフ川に入り、ノブゴロドを攻め落としました。リューリクはこの辺りで退場し、その跡を、弟オレフが兄の息子イホルを頂き、摂政として引き継ぎます。

オレフはさらに南へ南へと進みました。彼らヴァリャーグの旺盛な征服欲の目的は、その果てにある、世界でもっとも豊かな都市、東ローマ帝国の首都コンスタンティノープルでした。

果てのない平原を流れる、まどろむように緩やかな河川を下ったり、ロングシップを陸に引き上げ、バイキングたちの肩に載せてえっさほいさ運んだりしながら、ついにドニエプル川に出ました。

ドニエプル川は黒海を通じて、コンスタンティノープルと直接水系でつながっています。オレフは、流域の諸都市を陥落させ、中流まで下ったところで、キーウという山の上にある街を、現地の支配者をだまし討ちにして奪いました。

キーウはノブゴロドとコンスタンティノープルのちょうど真ん中辺りにありました。東ローマ帝国を攻めるにせよ、形勢が悪くなったらスカンディナビアに逃げ帰るにも、都合がよい立地です。

守りの面でも、プーチンが思い知ったように難攻不落。ドニエプル川が作った切り立った断崖上にあり、北はポリーシャ「沼地の森林」という名前の通りの、深い森と沼に守られています。

オレフはこの地を根拠地とし、ひとまずキャンペーンを終えることにしました。冒頭のお話はそれからしばらく経ってからのことです。

オリハはプルコフという街の出身だとされています。キーウとは九〇〇キロほど離れていますが、ドニエプル川などの河川網を使えば、案外、簡単に交通できたのかもしれません。また、お話では庶民の出のように書かれていますが、ヴァリャーグ貴族の出身だった、いや摂政オレフの娘だったとか、色々な説があります。まぁ、前にも話した通り、半分伝説の人なので、結局のところその出自はよく分かりません。

確かなのは、彼女がウクライナ、ベラルーシ、ロシア三か国の歴史のなかで、初めて実体を持って記録された女性であるということだけです。

再び二人の物語に戻りましょう。

イホルの死、そして第一の復讐

摂政として支えていたオレフが死ぬと、イホルが政治を直接執るようになります。

イホルは勇敢な戦士でしたが、コンスタンティノープルを短兵急に攻めて、散々に打ち破られるなど、軽はずみな性格で叔父のような思慮深さに欠けていました。

幸い、二度目の遠征では東ローマ帝国の皇帝を脅迫し、莫大な黄金と絹織物を得たのですが、徴兵される諸族には、その程度で賄えるものではありませんでした。

それでも、イホルは戦費を補うため、ドレヴリャーネ族というキーウの西に住む民族のもとに、貢ぎ物を求めて出兵します。ドレヴリャーネ族はちゃんと決まった税は払った後だったのですが、イホルとその兵を恐れて貢ぎ物を渡しました。

これで納得したらよかったのですが、イホルは何を血迷ったのか、キーウに帰る途中、「おまえたちは財宝を持って先に帰っておけ。私は引き返して、さらに貢ぎ物を求めることにする」

と兵の一部を率いて、再びドレヴリャーネ族の領土に戻ってしまいました。

イホルが再びやってくると聞いて絶望したドレヴリャーネ族は、

「あいつはオオカミだ。もしオオカミがやってくるのを見逃していたら、我々の羊は皆食べられてしまうだろう。あいつはそれと同じだ。イホルを殺さないと、皆滅ぼされてしまう」

そう言って覚悟を決めると、イホルを襲撃して捕らえました。

そして積年の恨みを晴らすため、たわめた二本の樺の木の間に彼の両足を結びつけると、一息に木をたわめていたロープを切りました。イホルの体は引き裂かれ、二つの赤い弧となってウクライナの大地に散りました。

息子スヴャトスラフはまだ幼いのに、夫に先立たれてしまったオリハは、悲しみの底に突き落とされました。イホルは王としては凡庸でしたが、オリハのことを深く愛し、子どもにも優しいよい夫でした。

しかし、まだ頬の涙も乾かぬうちに、ドレヴリャーネ族から二十人の使者が船に乗ってやって来ました。

「よい客が来たものね」

そう皮肉るオリハに対して、彼らは、意気揚々として言いました。

「我々はあなた方ルーシの王を殺した。あなたの夫は搾取し、略奪するオオカミのようだった。だが、我らの侯マールは善き君主で、ドレヴリャーネの地を整えた。マールの元に妻として来なさい」

怒りも絶頂に達すると逆に笑ってしまうもので、オリハの口に凄絶な笑みが浮かびました。

「あなたたちの言葉は私の耳に快く響きます。もはや夫をよみがえらすことは出来ません。まずは家来たちの前で仲人であるあなた方に敬意を示したいと思います。今日は船に帰り、大威張りで眠りなさい。明朝、人を迎えに遣わすので、こう言うのです。馬でも行かないし、歩いても行かない。船のまま我らを運べ、と。そうしたら、家来はあなたたちを船のまま運んでくれるでしょう」

明朝、オリハの迎えの者にドレヴリャーネの使者たちは教えられた通り言いました。

「馬でも行かないし、歩いても行かない。船のまま我らを運べ」

迎えに来たキーウの人々は言いました。

「私たちに自由はもうありません。侯が殺されたのに、お妃はあなたがたの侯に嫁ごうとしているのですから」

そうして、ドレヴリャーネの使者たちを乗せたまま船を肩に担いで運び出しました。あまりの労苦にうめき声をあげるキーウの人々に対し、船上の使者たちは脇腹に手を当て、胸に大きな飾り板をつけ鼻高々でした。

やがて船がオリハの屋敷に着くと、キーウの人々は前もって掘っておいた大きく深い穴に船を投げ込みました。

穴の底で、バラバラになった船とともにひっくり返っているドレヴリャーネの使者たちを見下ろして、オリハは微笑みを浮かべながら声をかけます。

「私があなたたちに与えた名誉は気に入りましたか?」

「あなたがしようとしていることは、私たちがあなたの夫にしたことより惨い」

使者たちは泣きながらそう答えたということです。

第二、第三の復讐

穴を埋め、その上を馬に走らせ、泣き叫ぶ声が完全に聞こえなくなると、オリハは自分からドレヴリャーネ族に使者を送りました。

「もしあなたたちが本当に私を求めているのなら、大きな名誉のうちに嫁げるようにしてもらわなくては困ります。あなたがたのなかで国の柱石となる人たちを遣わしてください。さもなくば、キーウの人たちは納得しないでしょう」

ドレヴリャーネ族はオリハの言葉を疑わず、地位、才能において選りすぐりの人々に、オリハを迎えにいかせました。

オリハは彼らがキーウに到着すると、

「道中寒く疲れたことでしょう。丸木小屋の蒸し風呂を焚いておきましたよ。そこで体を清めてから、私の元に来てください」

そう言いました。

ドレヴリャーネ族は大喜びで丸木小屋に入ると、体を洗い、一杯汗をかきました。冗談を言い合ったり、熱さの我慢比べをしたり……そして、もう限界というところで、外に出ようとしました。

しかし、ドアが開きません。蒸し風呂はどんどん熱くなっていくばかり。焦ったドレヴリャーネ族はドアを蹴ったり、体当たりしたりしましたが、どうしても開かず、それどころか、何か変なにおい、獣油のようなにおいがします。

「おい、どういうことだ。はやくドアを開けろ」

そうドレヴリャーネ族が叫んだとき、ドアが急に燃え上がったのでした。

ドレヴリャーネでも精鋭中の精鋭の戦士たちを、一人残らず焼き殺した後、オリハはわずかな親兵とオトロク（年少親兵）を率いて、ドレヴリャーネの元へ向かいました。

彼女は使者を先に行かせ、こう伝えます。

「もはや私の方からあなたたちの地へ行こうと思います。町のほとり、私の夫が殺されたところに、たくさんのミード蜜酒を用意してください。私は墓場の上で泣いて、イホルのためにトリズナ（葬儀の饗宴）を執り行うでしょう」

ドレヴリャーネ族はこれを聞くと、ミード蜜酒を大量に持ち込んで温めました。

イホルが死んだ場所につくと、オリハはその土を摑んで泣きました。そして、家来に命じ、土を盛り大きな墳墓を作らせます。そして、墓の周りでトリズナを始めました。

オリハはドレヴリャーネ族にも腰を下ろすよう勧め、オトロクに給仕させました。

トリズナはどんちゃん騒ぎしたり、力比べしたりする、大変賑やかなものです。これは、笑いで悪霊を追い払うためでした。

道化師も呼ばれ、人を乗せたまま船を担ぐバイキングが誤って取り落としてしまう様や、蒸し風呂に入った人がドアが開かず慌てる様が、滑稽に演じられました。キーウの親兵も、ドレヴリャーネ族も笑いましたが、特にオリハは真っ赤な唇を裂いて大笑いしました。

「あなたを迎えにやった私たちの使者は一体どうなったのでしょうか？」

そう聞いてくるドレヴリャーネ族には、

「あとから夫の親兵隊とともに、ここにやって来ることになっています」

オリハはこう答えてやりました。

宴もたけなわとなり、ドレヴリャーネ族たちが足腰もたたないくらい酔いが回った頃、そっとオリハは席を外しました。そして代わりにやって来たのは、抜き身の刀を携えた親兵たちでした。

第四の復讐

五千人を打ち殺し、その死体をうずたかく夫の墳墓の周りに積み上げた後、オリハはキーウに帰還しました。そして、勇敢な戦士たちを集めると、息子のスヴャトスラフを擁して、ドレヴリャーネ族に攻めかかります。

ドレヴリャーネ族もここに来てようやく自分たちがだまされていたことを察しました。指導者層と中核となる戦士団は皆殺しにされ、もう国は老いた兵と未熟な若者、女と子どもしか残っていません。それでも、なんとか軍を編制すると、オリハを迎え撃ちました。

両軍とも布陣が終わると、まだ少年のスヴャトスラフが敵に向かって槍を投げつけました。華奢な腕から放たれた槍は、馬の耳の間を通って、その足下に落ちます。

「侯はもう戦をはじめられたぞ。親兵隊よ、侯の後に従え！」

小さな勇気がこもった投擲に戦士たちは奮起しました。ドレヴリャーネ族を散々に打ち負かすと、逃げ散った彼らを追撃し、町、村を次々に落としながら、首都イスコロステニに向かって進撃します。

オリハはスヴャトスラフとともに、この町を包囲しました。イスコロステニの人々も必死です。彼らはオリハの怒りを恐れていました。イホルを残酷な方法で殺したのは自分たちだったので、陥落すればどのような目にあうか容易に想像できたのです。

籠城戦は一年を過ぎましたが、それでも町は落ちません。

オリハは使者を町に遣わしました。

「いつまであなたたちは籠城するつもりなのですか？　他の町は皆とっくに降参し、貢ぎ物を支払って、平和に自分の畑を耕しています。あなたたちだけですよ。このまま餓死するのを望んでいるのは」

ドレヴリャーネ族の回答は悲鳴に近いものでした。

「私たちだって貢ぎ物を捧げて降伏したいのです。でも、あなたはイホルの復讐を忘れていない」

オリハは優しい声をドレヴリャーネ族の使者にかけてやりました。

「キーウで一度目、二度目に、あなたたちの使者が来たときに、三度目にイホルのためトリズナを執り行ったときに、私は夫の恥辱に報いました。もはやこれ以上復讐を重ねようとは思いません。和解の購いにわずかな貢ぎ物だけを望みます。そうすれば、私はキーウに帰るでしょう」

「何を望むのです？」

ドレヴリャーネ族がそう聞いてくると、オリハは答えました。

「私は夫のように重い貢ぎ物をあなたたちに背負わせようとは思いません。もう蜜酒も獣皮もないでしょうから、本当に些少のものを和解の証しとして乞い受けたい。一軒につき三羽の鳩と三羽の雀を献上するのです」

ドレヴリャーネ族は、鳩舎や物置や家の屋根、干し草を納めた納屋のなかに、巣がないか探しました。そうして、鳩と雀を集め、オリハの元へ贈ります。

貢ぎ物を受け取ったオリハはにっこり笑いました。

「今、あなた方は私と子どもに服従しました。自分たちの町にお帰りなさい。私も、明日ここを引き払い、キーウに帰ることにしましょう」

この言葉はイスコロステニの人々にも伝えられ、皆ようやく来た平和に涙を流して喜びました。

一方、黄昏が来ると、オリハは家来にこう命令します。

「硫黄を小さな布きれに包みなさい。それを鳩や雀の足につけ解き放つのです」

無数の鳩と雀が、イスコロステニのなかにある、自分の巣に帰っていきました。そして、鳩舎や、物置や、家の屋根や、干し草を納めた納屋が、一斉に火を発します。焼けない家はなく、消すことも出来ませんでした。

阿鼻叫喚の悲鳴が響くなか、イスコロステニを焼く火は、オリハの青い目のなかに映えて、炬《たいまつ》のように燃えていました。

東スラブで最初に国を作った女性

以上が、『原初年代記』に記されているオリハの四つの復讐です。

残忍な殺され方をしたとはいえ、イホルにも貢ぎ物を無理強いしたという落ち度はあったわけですから、ちょっとやり過ぎじゃない？　という気もするのですが、オリハは一度敵と認定したら、とことんまでやっつけないと気がすまない性格だったのでしょう。

もちろん、かなり説話めいたお話で、全部が全部、史実ではありません。イホルとドレヴリャーネ族の間で貢納を巡って何らかのトラブルがあり、イホルが殺されてしまう。まだ、息子スヴャトスラフは幼かったため、代わりに未亡人オリハが国の指揮を執り、戦いの末、ドレヴリャーネ族を屈服させる。

歴史上起きたであろう最低限の事実は、恐らく右のようなことで、その間オリハがたてた作戦やはかりごとが、男の目から見たら「えっ、そこまでやる?」というものだったため、こんなお話が出来たのでしょう。

イスコロステニは、現在はコロステニという街で、キーウの一五〇キロ西に位置します。

今回のプーチンとの戦争でも、キーウとつながる要衝であるため、コロステニはかなり激しいロシアの爆撃を受けており、イホルのことがなくても、いずれ戦争する運命だったのかもしれません。

衛星写真でコロステニを見ると、周囲に深い森があります。ドレヴリャーネ族も人里離れた森に住むのを好む民族で、ドレヴリャーネも元々は木を意味する言葉だったようです。

『原初年代記』のなかでは、ただのやられ役、仮面ライダーのショッカーみたいなドレヴリャーネ族ですが、もともとキーウはドレヴリャーネの領内にあったという説もあり、その諸侯はルーシと同程度の権威を持っていたようです。

今の感覚だったら「馬鹿じゃない？」としか思えないイホル殺害直後の求婚も、母権制社会の名残で、氏族の長を殺した者が相手の妻をめとって権力を握る習わしに従っただけという歴史家もいます。まぁ、オリハに通じる理屈ではなかったわけですが。

ローマを滅亡させるきっかけを作ったゴート族の末裔ともいうドレヴリャーネ族を屈服させたことにより、キーウ周辺は安全になり、その後、キエフ・ルーシが安定して発展する礎となりました。

また、もともとイホルが殺されるきっかけとなったのは、あまりに恣意的な貢納の仕組みでした。額も期限も規定がないまま、勝手にやって来て、取られ放題ではたまったものではありません。オリハは復讐は復讐でやり切りましたが、夫イホルのやり方に問題があったことも理解していました。

彼女は領内各地にポゴストと呼ばれる貢物納入所をもうけ、規定と額を定めました。また、徴税も侯が領内を巡回するのではなく、特別に任命された徴税官が貢物納入所に常駐して担当する方式に改めます。

貢納といっても結局はやくざのしょば代と変わりがなかったものを、ちゃんとしたルールとシステムのある徴税の仕組みに変えたのでした。

イホルの代では、まだまだ海賊の地金がむき出しだったキエフ・ルーシを、オリハが初めて国としての体裁を整えてやったと言ってよいでしょう。オリハ、川岸で小舟を操っていたあの少女は、東スラブに最初に国を作った女性になったのです。

ウクライナ最初の聖人となる

オリハは、ドレヴリャーネ族との戦いの後、自分で兵を率いることはなくなりました。それより、血なまぐさい復讐に思うところがあったのか、キリスト教に傾倒しはじめます。

当時の東スラブは万物に魂の宿る多神教の世界で、ヴァリャーグが連れてきた北欧の神々と、現地のスラブの神々が入り乱れ、混乱の元になっていました。北欧のトールも、スラブのペルーンも、力と流血を賛美する戦いの神です。

やはり「戦争は女の顔をしていない」のか、次章でお話しするンジンガ同様に、オリハも魂の安寧のため、別の神を求め始めていました。

九五七年、オリハはコンスタンティノープルを訪問して、洗礼を受けます。

彼女らしい逸話も残っていて、東ローマ皇帝はオリハが美しく、また知恵も深いことに驚き、「あなたは私とともに君臨すべきだ」と求婚しました。

すると、オリハは、

「私は異教徒ですよ。もし私に洗礼を受けさせたいなら手ずから洗礼を授けてください。そうでなくては、洗礼は受けません」

そこで皇帝は総主教とともに、洗礼の儀式を執り行いました。

その後で、改めてオリハに「あなたを私の妻にしたい」と言うと、

「あなたは私に洗礼を授けた時、娘と呼んだではないですか。どうやって、娘を妻にするのです？　キリスト教にそんな教えはありません。あなたが一番よく知っているでしょう」

これには皇帝も降参し、

「あなたははかりごとで私に勝った」

とたくさんの銀、絹織物、什器を与え、オリハを国に帰してやったということです。

こうしてオリハは東スラブで、王族に連なる最初のキリスト教徒になりました。後に聖オリハとして列聖され、ウクライナ、ベラルーシ、ロシア、三か国史上初の聖人ともなりました。

ただ、この入信は彼女個人のもので、息子に広めることは出来ませんでした。ドレヴリャーネ族との戦いで健気な一投で味方を奮い立たせたスヴャトスラフは屈強な戦士に育っていました。豹のように軽々と陣内を歩き、獣肉、馬肉、牛肉を炭火であぶって食べ、天幕なしで草原に直にチェブラーク（鞍下毛布）を敷き、鞍を枕に星空を屋根にして眠りました。

草原世界における理想的な戦士であった彼は、片側のひとかたまりだけ除いて、髪を皆そり落としていたそうです。この髪型が、ウクライナの歴史を彩るコサックに引き継がれることになります。

戦士に囲まれて生活する彼は、自分一人だけキリストを信じることは出来なかったのです。

戦争ごっこを口うるさくいさめられたこともあったのか、晩年スヴャトスラフはオリハを煙たがり、キーウに寄りつかなくなります。その隙をペチェネグ人という遊牧民につかれ、一時、陥落寸前までいったのですが、さすがにスヴャトスラフが母の危機に駆けつけ追っ払っています。

九六九年、オリハは亡くなりました。異教のトリズナは行わないよう遺言していたので、神父の手で葬られたそうです。

死ぬ直前まで、スヴャトスラフとの仲はぎくしゃくしていたようで、キーウから根拠地を移そうとする彼に「私が病んでいることは知っているでしょう。病の私を置いてどこに行こうというのです?」「私を葬った後、どこへでも行ったらいいでしょう」と訴えたりしています。

彼女はそれほど深くキーウを愛していたのです。

オリハの性格や生き方に、私は確かに『戦争は女の顔をしていない』で見た、東スラブの女性たちのルーツを感じます。

肉親と郷土を愛し、我慢強い一方で嫌なことは嫌と言いきる強さを持ち、機転が利いて聡明、一度敵と見なした相手には容赦がないが、同時に情け深く、混乱を嫌い、秩序を尊重し、神を深く信じる。

自らの血を分けた子孫が相争う今の状況を、土嚢の下のオリハはどう想っているのでしょうか?

キーウの空が晴れ渡り、彼女の像を覆う土嚢が一刻もはやく取り除かれる日が来ることを願わずにはいられません。

引用・参考文献:
『物語 ウクライナの歴史―ヨーロッパ最後の大国』(黒川祐次著、中公新書、二〇〇二)
『ロシア文学全集第三十五巻 古典文学集』(米川正夫訳、修道社、一九五九)
『ロシアの源流 中心なき森と草原から第三のローマへ』(三浦清美著、講談社、二〇〇三)
『図説 ロシアの歴史』(栗生沢猛夫著、河出書房新社、二〇一〇)
『ロシア史〈1〉9~17世紀』(田中陽児・倉持俊一・和田春樹著、山川出版社、一九九五)
『Княгиня Ольга Святая』(Чистяков Анатолий・Ridero, 2018)
「キエフ・ルーシの歴史」(フェオドシー、https://geolog.mydns.jp/www.geocities.co.jp/SilkRoad/5870/k-arasuji.html)

『ЖИТИЕ СВЯТОЙ РАВНОАПОСТОЛЬНОЙ КНЯГИНИ』（Свято-Троицкий Ново-Голутвин монастырь, http://www.saints.ru/o/olga_knyaginya.html)

第八章　残忍な女戦士　偉大な女王ンジンガ

美しい男をかしずかせた女戦士

かつて十六世紀のアフリカに、数十人の男たちをかしずかせ、強大なポルトガルと二十年以上にわたって戦い抜いた女王がいました。

ンジンガという今でもアンゴラで英雄としてたたえられている女性です。

彼女はお気に入りの戦斧と弓で武装し、六十歳を過ぎても戦場に立ち続けました。また美男子を愛し、女装させ「男妾」と呼んで、後宮に囲いました。彼らは、侍女たちと同じ部屋で寝起きさせられ、間違いがあった場合は即座に殺されたと言います。

戦上手の将軍、国民を奮起させる政治家、白人相手に一歩も引かないタフで狡猾な外交官、優れたフィジカルに恵まれた勇敢で傑出した女戦士、様々な顔を持つンジンガは、その置かれた状況でカメレオンのように衣装を変え、ときにジェンダーの垣根を跳び越えることもありました。

日本ではあまり知られていませんが、アフリカ、ラテンアメリカでは、解放者、英雄として有名なこの女王の生涯について、今回は語っていきたいと思います。

兄から子を産めぬ体に

一五八三年、ポルトガルの侵略にさらされる、ンドンゴという中央アフリカの小国に一人の女の子が生まれました。父親は、当地ではンゴラと呼ばれる王、キルアンジ、母親は第二夫人のカンゲラでした。へその緒が首にからみついていた赤ちゃんは、ムブンドゥ語で「からみつく」をあらわす、ンジンガという名を与えられました。

伝承によるとこうした状態で産み落とされた子供は誇り高い人間に育つといいます。赤ちゃんの将来を占うため招かれた魔女は、彼女を一目見て「この子は女王になる運命にある」と告げました。

ンジンガが後に振り返ったところによれば、父のキルアンジは彼女を溺愛したといいます。キルアンジにはムバンデという男の子もいたのですが、気が小さく、弱虫の癖に傲慢で、資質は妹のンジンガよりはるかに劣りました。父は愚か者の兄より、妹の方に期待したようです。狩りや弓など男の子がすることを習わせ、戦争でつかまえたポルトガル人の宣教師を家庭教師につけて、ポルトガル語を身に付けさせました。

狩猟にしろ語学にしろ、すべてにおいて優秀であることを証明した彼女は、スラリと背が高く、豹のように敏捷な四肢を持ち、チョコレート色の肌を持つ、美しい少女に成長しました。気性もライオンのように激しく、兄のムバンデがネックレスを盗んだ際には、国民の見る前で泣き叫ぶまで叩きのめしています。

兄との仲は険悪でしたが、下に二人いた妹とは仲良しで、なかでもカンブとは気があい、二人の絆は終生変わりませんでした。

ンジンガの軍人、アジテータとしての天稟ははやくから現れ、ポルトガルの記録では、彼女が十九か二十歳の頃には、白人に対する憎悪を焚きつけ、ソバ（豪族）を蜂起させた女王として、その名前が散見されるようになります。

しかし、ンジンガの所属するムブンドゥ族に女がリーダーになる習慣はなく、一六一七年キルアンジが亡くなると、跡を継いだのは愚鈍な兄、ムバンデでした。

ムバンデは、子供の頃、何をやってもンジンガに勝てず、父親からの愛情も含めて欲しいものはすべて取られてしまったコンプレックスから、妹に過酷に当たりました。跡継ぎ争いの芽を摘むため、ンジンガの息子を殺しただけでなく、彼女やカンブ、姉妹たちの下腹に、薬草を混ぜた煮えたぎった油を浴びせ、二度と子供が産めないようにしたという記録が残っています。

こうした虐待にンジンガは耐え、表面上は兄の命令に忠実に従いました。

ンドンゴを取り巻く二つの敵

ムバンデとンジンガが父から受け継いだンドンゴは二つの勢力に囲まれていました。

第一の敵は大航海時代まっただなかのポルトガルで、豊かな海岸地帯を占領、その本拠ルアンダからは、何百万という黒人奴隷が出荷されていました。ポルトガルは、さらなる奴隷を求めて、内陸へと侵略の手を広げていたのです。

ポルトガルに対し、ンドンゴは、ンジンガたちの祖父、父の代から劣勢で、ンジンガが生まれた年に首都カバサ近郊で起きた戦いではアフリカ側が四万人もの被害を出したのに対し、ポルトガル側の死者はたった七人ということもありました。

圧倒的な文明、軍事力の差から、ポルトガルは徹底的にンドンゴの人々を見下しており、殺したムブンドゥ族の鼻を切り取り、戦利品としてキャンプ地に持ち帰るなど、暴虐の限りを尽くしました。ある戦いでは六百十九個もの鼻を得たので、運ぶのに二十人のポーターが必要になったそうです。

第二の敵は、インバンガラという、拠点を定めず移動を常とする武装集団です。起源は不明ですが、おそらく戦争で生まれた不幸な年少の難民たちの群れがはじまりと思われます。彼らはキロンボと呼ばれる戦闘キャンプのなかで生活を営み、成員は他のアフリカ人の集団と違い、血縁関係でなく、イニシエーション（通過儀礼）で結ばれていました。

それを徹底するために、キロンボ内で生まれた子供は殺害され、人口は戦争で子供をさらうことによって増やすのでした。哀れな子供たちを待ち受けるイニシエーションも、嬰児殺しを伴う、大変残忍なものだったようです。

映画『ブラッド・ダイヤモンド』や『ジョニー・マッド・ドッグ』で描かれた、アフリカの少年兵集団の走りともいわれるインバンガラは、もともとはこれらの映画で描かれた少年たちと同じく、戦争によって家族を失い、群れる他なかった哀れな子供たちのはずでした。

しかし彼らは、その境遇を自分たちで終わらせるのではなく、逆に再生産しようとしました。戦火を広げ、子供たちから家族を奪い、イニシエーションによって元の人格を破壊したうえで、戦闘マシーンに作り替えるのです。

この少年兵と元少年兵の集団は、ポルトガル人も忌み嫌ったほど野蛮で、戦闘には確かに強かったようです。しかし、およそ定見がないため、時にポルトガルに、時にンドンゴに、その場、その場の都合でついたり離れたりしました。そして、たまたま敵方になった方の領土へ略奪を繰り返すのです。その被害は天災を思わせるものがあり、どこかイナゴの群れにも似ていました。

ポルトガル、インバンガラ、こんなやっかいな敵に囲まれ、ンドンゴはまさに危急存亡の秋にあったのです。

残忍な交渉術

ムバンデは、祖父や父と同様、ポルトガルとの戦いの継続を誓いましたが、戦況は思わしくなく、ある時などはたった十五日の間に一六二マイル（二六〇キロ）の侵攻を許し、その間、国民はほしいままに殺戮されました。

軍事的才腕に乏しいムバンデは頼りなく弱い王と思われ、多くのソバが彼を見限り、ポルトガルに付きました。

たまりかねたムバンデは、一六二一年、ポルトガルの総督が交替したことを好機として、和解をはかります。この時、外交官として起用されたのが、ンジンガでした。

ムバンデはンジンガが、我が子を殺し、子を産めぬ体にした自分を決して許さないことを知っていましたが、ポルトガル語を流ちょうに話し、軍事、外交両方にまたがる才覚を持った者となると、彼女をおいて他にいませんでした。

ンジンガは兄の命を受け、ポルトガル総督の滞在するルアンダに出発しましたが、その行列は、権威付けのために誠に豪奢なものになりました。武装した軍の護衛、音楽家、贈り物とする奴隷、美々しい小姓と侍女。そして、その先頭を、ンジンガは、自分の足をわずらわせることはなく、屈強な男奴隷に肩車させて進みました。

演出力に優れたンジンガは、この奇抜な行列によって、自身の姿を国民に印象づけ、支配者として真にふさわしいのは誰か知らしめようとしていたのです。

ンジンガが女王となる階梯は、恐らく、首都カバサからルアンダまでの二〇〇マイルの道のりから始まっていました。

この行列はルアンダでも大評判になりました。現地の軍事、政治、宗教界のエリートが中央広場にこぞって集まって、大歓迎の態を示し、総督もンジンガが確かにンドンゴを代表する外交官であるのを認め、滞在中の一行の費用はすべて賄うと申し出てくれました。

上々の滑り出しでしたが、交渉はタフなものになりました。

言葉以外でも駆け引きは始まっており、例えば衣装がそうでした。こうした際、慣例ではアフリカ側が欧風の服を身につけることになっていたのですが、ンジンガは現地のムブンドゥ族の衣装で押し通しました。たくさんの布を身にまとい、髪に色とりどりの鳥の羽をつけ、手足は宝石で飾ります。この格好は、侍女たちにも統一させ、「おまえたちのペースには乗らない」という意思を強烈にポルトガル人に示しました。

しかし、狡猾なポルトガルは罠を仕掛けます。

交渉の場で総督は金糸で刺繍されたビロードの椅子に座るのに、ンジンガには、絨毯の上に座ることを勧めたのです。自然、総督から見下ろされることになります。被征服者、しかも女であるンジンガに己の立場をわきまえさせるために仕組まれたものでした。

これに対して、ンジンガは彼女らしい機知で応えます。従者の一人を四つん這いにさせると、その背中に座って交渉をはじめたのです。プレッシャーをかけるはずが、逆に気を呑まれたのはポルトガルの方になりました。

ンジンガは立て板に水の弁舌で、とうとう友好を説きました。

ムバンデ王はポルトガルの入植者と平和に暮らすことを望んでいること、ンドンゴ側に逃げてきたポルトガル人の奴隷は返還すること、こちらからの軍事攻撃は停止することを述べ、その代わり、ポルトガルに対しては、国内の要塞からの撤退と侵略行為の停止を要求しました。

総督から、ムバンデの即位以来の敵対的態度を指摘されると、「若気の至りというものです」ととぼけます。ンジンガはこのとき三十八歳くらい、兄のムバンデは当然それより年上なのですが、総督は気圧されたのか、何も言い返せませんでした。

ンジンガが、最も激しく反駁したのは、ポルトガルが貢ぎ物を要求したときでした。その様子が歴史家リンダ・ヘイウッドの『アンゴラのンジンガ：アフリカの戦う女王』（原題は章末参照）に事細かに記されています。同書に沿って、あらましをご紹介しましょう（拙訳）。

「貢ぎ物は征服された者にしか課すべきではない」

と彼女は主張しました。

「ンドンゴは決して征服されていない。ムバンデ王はあくまで自らの意思で友好関係を望んでいるのだ。貢ぎ物を納めるのは奴隷となるのと同義であり、到底受け入れられない」

そして、総督をはじめとするポルトガル人たちに向けてこう駄目押しします。

「生まれながらに自由な者は、自由のうちに自らを保つべきであり、他者に服従してはならない」

交渉は「エチオピア（アフリカ）の黒い女」が主導権を握り続けたまま終わりました。

別室に移るとき、未だに従者が四つん這いのままだったので、総督が、

「彼はどうするのです？」

と聞くと、

「忘れたわけでなく、わざとそうしているのです。私のような外交官が同じ椅子に二度も座るべきとお思いか？　それに、あんな椅子はいくらでもありますよ」

ンジンガがそう言ったもので、ポルトガル人たちは舌を巻いたそうです。

兄ムバンデの死

ルアンダ滞在中、ンジンガはキリスト教の洗礼を受け、アナというクリスチャンネームを授けられました。幼少期に、宣教師を家庭教師としてつけられていたので、彼女はキリスト教への拒否感はあまりなかったのですね。

洗礼の効果もあって、ンジンガはほぼ満額回答の条件で、ポルトガルと平和条約を結ぶことに成功しました。ンジンガはリーダーとして、兄ムバンデを遥かに凌駕する器量の持ち主であることを証明したのです。

国民はンジンガを支持するようになり、それに反比例してムバンデの存在感は薄くなりました。

ポルトガルもインバンガラもムバンデの落ち目につけ込みます。

ポルトガルは折角ンジンガが結んだ平和条約を反故、侵略を再開し、インバンガラは首都カバサを一時陥落させるなど、略奪をほしいままにしました。

無能で臆病な癖に、自分の子供を奪い、さらには自分と妹の女としての機能まで破壊した兄を憎んでいたンジンガは、彼への反発を隠さないようになりました。

「王としても男としてもふさわしく振る舞えないのなら、さっさと田舎に引っ込んで、自分で働くようにしたらどうです」

その他、ンジンガはありとあらゆる汚い言葉を使って、兄が男らしくないことを罵倒し、嘲笑しました。

哀れなムバンデはすっかり気落ちし、晩年はうつ病を患っていたそうです。そして、有意義なことは何一つ成し遂げられないまま、一六二四年、毒をあおって死にました。自殺とも、ンジンガによる毒殺ともいわれています。

いずれにせよ、これで障害がなくなったンジンガは、兄の跡を襲い、ンドンゴの支配者となりました。彼女は先祖の霊に、ポルトガルによって傷つけられた国土を再建することを誓います。先人たちへの愛と尊敬、そして、ポルトガルへの憎しみが彼女を突き動かす原動力でした。

血まみれの結婚式

ンゴラと呼ばれる王となったンジンガは、インバンガラ対策として、その指導者カサに求婚し、男妾たちをたたき出します。これはカサのもとにいたムバンデの息子をおびき出すためでもありました。

初めンジンガが自分より年上であることを理由に渋っていたカサもついに観念し、結婚を承諾します。

結婚式は大変、血なまぐさいものになりました。ンジンガはたちまちに甥を捕らえて殺すと、クワンザ川に死骸を投げ捨てて、息子の復讐が今なされたと高らかに宣言しました。

さらに式に参列していた他の親族も数多殺害しました。将来の反抗分子の芽を摘むためです。

血に塗れたベッドのうえで、ンジンガとカサがどのような初夜を迎えたかは、残念ながら記録が残っていません。

ポルトガルに対しても、自身が結んだ平和条約の回復を図りました。しかし、お互いの領内にいる逃亡奴隷の扱いを巡って衝突、関係は悪化の一途を辿ります。

もともと、ポルトガルは手強いンジンガより、もっと弱い指導者を望んでいました。ンドンゴの豪族たちの間に、女が王となることへの根強い抵抗感があることを見抜くと、王家の血をわずかに引くだけの無能な男を傀儡にたて、ンジンガに刃向かわせます。

事ここに至って、ンジンガとポルトガルは一六二六年全面戦争に突入しました。

ゲリラ戦

ンドンゴは、クワンザ川をはじめとする大河が幾本も流れていましたが、どの川も危険な滝や渦巻きをはらんでいるうえ、凶暴なワニ、それすらも真っ二つにするカバが生息し、よそ者には厳しい土地でした。

一方、現地のムブンドゥ族にとって、これらの河川は父とも母とも呼ぶべき存在で、川の流れが運ぶ土砂で出来た島のうえで田畑を耕し、カヌーで自由自在に川を行き来し、交易していました。

アドリア海や、日本の戦国時代の瀬戸内海に似た、多島海を思わせる地形は、小舟を用いたゲリラ戦にぴったりです。

ンジンガは、島々に見張り番を置き、鐘を鳴らして敵の接近を知らせる複雑な通信システムを考案、要所にはマスケット銃や弓矢で武装した兵隊を配備しました。安易に近づいたポルトガル船は、島全体が火を噴いたような射撃を喰らうのです。

形勢が悪くなったらなったで、ンジンガとその兵は川にカヌーを浮かべ、さっさと退却して別の島に移りました。

神出鬼没のンジンガとそれを追うポルトガルとの戦いは、一六二九年まで続きましたが、最終的には地力に勝るポルトガルが勝利し、王国内の根拠地はすべて陥落し、妹のカンブが捕らえられました。カンブはンジンガにとっては、もはや数少なくなった肉親であるうえ、ともに兄により子どもを作れない体にされたことで、同じ痛みを慰め合える存在でもありました。

カンブは屈辱的なことに、ルアンダに送られる道中、裸でパレードさせられたといいます。そして、総督の前に引き出されると、ンジンガが断固として拒否した、絨毯の上に座らされました。ポルトガルは生意気なエチオピア（アフリカ）の黒い女への意趣返しを、こんな形で果たしたのです。

最愛の存在とも言える妹を奪われたことは痛恨事で、カンブを取り戻すことが、ンジンガの人生の宿願となります。

妹も祖国も失ったンジンガですが、国を去る刹那、再び伝説を作ります。

ポルトガル軍に、断崖絶壁に追い詰められると、ロープ、もしくは岩肌をはう蔦をつかんで、ひらりと飛び降りたのです。崖は頂上に立つと、下の人の声が聞こえない高さだったといいます。

傷一つなく谷底で待つ部下たちの元に降り立ったンジンガは驚きあきれるポルトガル軍を尻目に、中央アフリカのさらに内陸深くへと姿を消したのでした。

男妾の子供を生贄に

ンジンガは生き延びるために、ンドンゴの東の辺境地帯に住まうインバンガラに合流することにしました。即位時に結婚したカサが率いるのとは別の支隊で、名前が似ていてややこしいですが、カサンジェというものがリーダーでした。

カサンジェは協力の条件として結婚を提示したようです。

奔放な男性関係で有名なンジンガが、ただ一人の夫との生活に耐えられるわけがないと見越してのものだったようですが、ンジンガは即座に承諾しました。重婚になるのでは？　と思うのですが、ンジンガは気にしなかったようですね。結局カサともカサンジェとも後に手切れし普通に戦っているので、結婚は愛情なしの欲得尽くのものだったのは間違いありません。

ただ、残酷極まりないものの、効率よく人間を戦闘マシーンに仕立てるインバンガラの文化にンジンガは強い興味を持ったようです。

なかでも、インバンガラの伝説の女王テンボ・ア・ンドゥンボに親近感を抱き、己と重ねあわせるようになったといいます。

言い伝えによると、父親からインバンガラの指揮権を引き継いだ、テンボ・ア・ンドゥンボは、男女の垣根を超えるため、聖なる油《マジ・ア・サンバ》に様々な薬草と木炭を混ぜて、赤と白の香粉を作り出すと、それで己の顔を彩りました。そして、弓と矢と槍を持ち、軍鼓のリズムのなか、戦いの舞を踊ります。そうして、恍惚状態になった彼女を見て、インバンガラは、「もはや女ではない。戦士である」と認めたのです。

この儀式に使われた聖なる油を作るのに必要だったのが、悪名高い嬰児殺しでした。テンボ・ア・ンドゥンボは自分の子供を乳鉢でたたいて殺すと、乳棒ですり潰し、聖なる油を得たといわれています。

ンジンガは兄のムバンデのせいで子どもがいなかったため、生贄には男妾の息子が選ばれました。男妾の泣き叫ぶ声が響くなか、子どもは乳鉢でたたかれ、乳棒ですり潰されました。ンジンガは聖なる油で作った香粉を塗り、弓と矢と槍を持ち、軍鼓のリズムとともに、戦いの舞を踊ります。

「もはや女ではない、戦士である」

こうして、彼女は武装集団、インバンガラの女王となったのでした。

マタンバ王国への進出

インバンガラのイニシエーションによって、自分は男女の枠を超えたという思いからか、ンジンガはより男じみた振る舞いをするようになりました。男装し、自分のことを、女王ではなく王と呼ぶよう周囲に命じ、身辺は武装した女の護衛で固めました。

逆に男妾たちには、女の護衛と同じ格好をさせ、彼女たちと同じ部屋で寝ることを要求しました。もし、男妾や女護衛の誰かが、寝ている間に偶然にでも他人に触れたら、運が悪ければ殺され、運がよくても去勢か不妊症にさせられるのでした。

こうして自身の権威を強化すると、ンジンガはインバンガラを引き連れ、東の隣国、マタンバに攻め込みました。ンジンガの指揮能力に、剽悍無比なインバンガラの戦闘力が組み合わさり、マタンバの首都はあっという間に陥落。

マタンバは女王が治める国で、インバンガラの慣例だと、破れた国の君主は食べられることになっています。しかし、ンジンガは同性かつ同業者のよしみからか、彼女とその娘の命を助け、軟禁するだけにとどめました。

ンジンガが残酷で野蛮なだけの戦士ではなかったこと、またインバンガラの慣習も必要なものだけ取り入れていたことが分かります。後に、ンジンガは、宣教師から食人の風習について聞かれた際、「私はしませんよ」と前置きした後、「文化だから仕方ないのです」と答えています（前掲『アンゴラのンジンガ』より、以下同）。

食人は言わないだけで、実は抵抗があったのかもしれません。

そもそも、インバンガラに合流後も、ンジンガはムブンドゥの風習を捨てたわけではなく、ンドンゴの王位継承権を示す、兄の骨と遺物をおさめたミセテと呼ばれる聖なる箱を肌身離さず常に身につけていました。

キリスト教の洗礼も気まぐれなものではなかったらしく、ルアンダでもらったイコンを陣頭にかかげつづけています。

ンジンガはムブンドゥとインバンガラの文化・風俗を折衷し、さらに、内心では魅了されていた節のあるヨーロッパの宗教・文明も振りかけたうえで、中央アフリカに効率的で強力な軍隊を作ろうとしていました。彼女は自分の人生すべてを使って、戦争をデザインしようとしていたのです。

ポルトガルとの激闘

マタンバの征服を終えると、ンジンガは西に向き直ってポルトガルと対峙します。折しも、オランダが中央アフリカに姿を現し、ルアンダを奪取するなど、ポルトガルの覇権を横取りしようとしていました。

敵の敵は味方。

戦争の原則に忠実に、ンジンガはこの新興勢力と手を結びました。

そして、祖国を占領するポルトガルに襲いかかります。

彼女はポルトガルに反発する豪族やインバンガラを支援し、叛旗《はんき》を翻させました。

一六四四年にそうした豪族の一人がポルトガルの攻撃を受け包囲されると、自ら軍を率いて突撃。

「このわずかな白人どもを恐れるな」

銃弾をものともせず、頭をあげて陣頭指揮を執る女王に励まされて丸一日ンジンガの軍隊は闘いました。そして、七十人のポルトガル兵を討ち取り、ポルトガル側についた多数のムブンドゥ族、インバンガラを捕虜とします。

勢いにのるンジンガはンドンゴの北東、デンボス地域を占拠し、時に北の大国、コンゴ王国を侵犯することすらありました。

この頃になると、インバンガラの風習とは距離を置き、男装もやめて再びムブンドゥ風の衣装を好むようになりました。色鮮やかな布に身を包み、金の宝石や真珠を幾つも身につけ、足や腕には伝統的なリングを飾りました。

この変幻自在の自我を見せる黒い女に対し、ポルトガル王は、ソトマイオールという有能な将軍に率いられた、新たな軍をアフリカに派遣しました。

ソトマイオールは、ンジンガを「エチオピア（アフリカ）の最強の敵」と見なし、「彼女の傲慢さに終止符を打つ」ことを誓います。（『アンゴラのンジンガ』）

彼は、膝下の軍にこう命じました。

「ンジンガを捕らえたら、即座に殺せ。連れてくる必要はない、彼女のキロンボはすべて破壊し、果樹さえも根こそぎにしろ。彼女の名前のあるものはすべて永遠に破壊し、痕跡すら残さないようにするのだ」（同）

ソトマイオールは、ンジンガが奥地のマタンバではなく、自軍の根拠に近いデンボスにいるのを好機とします。オランダとンジンガの連絡を絶つためにクワンザ川に海軍を派遣し、陸軍はボルヘス・マドゥレイラという猛将に預けてンジンガに決戦を挑むという、水陸双方のスケールの大きい作戦を立案しました。

ボルヘス・マドゥレイラの軍は途方もない大軍で、四百人以上のポルトガル軍将校と兵士、二百人の武装した混血の兵士、十六人の騎兵、野戦砲兵で構成されていました。これにアフリカ現地から徴集した、騎兵、砲兵、弓兵を含む三万人のアフリカ人兵士、二千人以上の斥候、インバンガラ、白人側に付いたソバと解放奴隷、そして物資や食糧を運ぶ数千人のポーターが加わります。

ンジンガは彼らを川岸で迎え撃とうとしました。彼女はわざと三つの橋をかけました。彼らが橋を渡っている間に、銃や弓矢の餌食にする計略です。

しかし、ボルヘス・マドゥレイラはその手にのらず、あえて川底の深い危険な場所を押し渡り、ンジンガのキロンボを急襲しました。

ンジンガも奮戦しましたが、衆寡敵せず、ついに防衛戦を破られて逃げ出しました。

この敗北は一六四六年のことで、五百丁の銃器と豊かな織物、宝石を失った上、一時、取り返していた妹カンブが、再び捕らわれるという大変な痛手を受けました。不幸なことに、この時、カンブは兵隊から陵辱されてしまいました。しかし、威厳を失わない毅然とした態度にボルヘス・マドゥレイラは打たれ、自身の部屋にかくまって二度とそのような間違いが起きないようにしました。

会戦での大勝利

大敗北を喫したンジンガですが、戦意は衰えるどころか、いや増すばかりでした。オランダに乗り込んでオランダとの同盟を強化すると、お得意のゲリラ戦をポルトガルに挑んで、敵味方に健在をアピールします。

そして、翌一六四七年には、オランダと、インバンガラ、ンドンゴ、マタンバなど現地のアフリカ勢を集結させて、ポルトガルに決戦を挑もうとします。

しかしボルヘス・マドゥレイラもさるもので、敵が合流する前に叩こうと、二万五千の軍を率い、スパイから知らされていた敵の集結地点に強行軍で向かいます。

すると、まだンジンガもインバンガラもオランダ勢も着いておらず、先着した地元のアフリカ勢だけがいました。ボルヘス・マドゥレイラは、ンジンガがいない間に決着をつけようと、軍を三つに分け一挙に攻めかかります。

アフリカ勢は単独で勇敢に戦いました。三百人のポルトガル人を殺害し、ボルヘス・マドゥレイラ相手に一歩も引きません。

血みどろの戦いは二日続き、敵味方が疲れてきた頃、オランダ軍とインバンガラを率いたンジンガが戦場に姿を現しました。ちょうど長期戦を覚悟したボルヘス・マドゥレイラが、陣を敷き直している最中でした。

ンジンガは戦斧を掲げると、軍の先頭にたって「突撃」と叫びました。

不意をつかれたポルトガル軍は大混乱。戦闘終了までに三千人以上が死傷し、猛将ボルヘス・マドゥレイラも脚に致命傷を負って戦死します。生き残った混血やアフリカ系の兵士やポーターも、泣き叫びながら逃げ去っていきました。

ポルトガルの高名な武将を討ち取り、その軍を完膚なきまでに破ったンジンガの人気は絶大なものとなりました。ンドンゴ王国の多くを回復し、貿易も独占。彼女は先祖たちから受け継いだ国を、豊かで強く偉大な存在へと導きました。

残る重要拠点は、マサンガノのみ。そこには、妹カンブもいました。ポルトガルをアフリカから追い払い、妹を取り戻すまで、あと少し、あと少しのはずでした。

長蛇を逸す

ポルトガル人も、マサンガノを落とされたら、終わりだということを理解していました。

兵士だけでなく、ンジンガの復讐におびえる女、子供、司祭も砦に立てこもります。司祭もふくめ、すべての人が武装しており、防衛力を少しでも高めるため、自分の家屋を壊して大砲を置きました。

一方、ンジンガは「山と谷を覆うほど」の大軍を催すと、未だポルトガルに友好的な豪族の村を二百以上焼き払い、マサンガノ周辺の農園やプランテーションを、彼らがンジンガにやってやると言っていた通り根こそぎにしました。

食糧補給を絶たれたマサンガノでは当然飢餓が発生します。

ンジンガ側も城塞戦に必須の大砲が足りないという弱みがありましたが、このままじっくりと兵糧攻めを続けたら十分勝てる見込みがありました。

しかし、ンジンガも知らなかったのですが、同胞が全滅の危機にあると見たポルトガル本国は、十五隻の船に兵士を満載して、アフリカに急派していました。この新手のポルトガル軍が、オランダが占拠しているルアンダに奇襲をかけます。

慌てたオランダ総督は、マサンガノを取り囲んでいるンジンガとオランダ軍に救援を求めました。

やむなく、おっとり刀でルアンダに駆けつけたンジンガが、そこで見たものはさっさとポルトガルに降伏して本国に引き揚げてゆくオランダの船と、城壁上に翻るポルトガルの旗でした。

流星光底長蛇を逸す。

ついに、ンジンガはポルトガルに勝ちきることが出来ませんでした。

妹との再会

オランダが戦線離脱すると、ンジンガとポルトガルの間に、和解の雰囲気が高まり始めました。もう戦いは二十年以上続いており、両者ともさすがに消耗していました。ンジンガはポルトガルを追い出せないことを悟り、ポルトガルはポルトガルでンジンガを滅ぼせないことを思い知りました。

ンジンガも六十をとうに超していました。平均寿命の短い時代、本来なら生きているだけで奇跡の年齢です。魂の安らぎを求め、晩年を妹と穏やかに過ごしたい、そう願う気持ちが強くなっていたのです。

もともとキリスト教にシンパシーを感じていた人ですが、この頃から、捕虜として得たスペイン人の宣教師に、神の子の教えを熱心に乞うようになります。

こうした変化を見て、ポルトガルの態度も和らぎ、平和条約の交渉がはじまりました。

ただ、折衝の場では、ンジンガは相変わらずのタフネゴシエーター振りを発揮しました。ポルトガルが出してきた細かい条項を、助言者たちとともにすべて目を通し、貢ぎ物の項目を見つけると、二十年前と同様「問題外だ」と激しい怒りを見せました。

「私は自分の王国を支配するために生まれてきたのです。他の君主に従い、絶対的な女性から召し使いや奴隷になるのは、とてつもなく恥ずべきことです。私は今、静かに生き、平和に人生を終えるためにキリストの信仰を受け入れました。過去にインバンガラであった時、そして多くの困難と迫害の頂点にあった時に、決してしたくなかったことをするのです。もしポルトガル人が毎年私から贈り物を欲しがるなら、彼らも同様にするべきでしょう」（同）

二十年前、従者を椅子にして交渉したときの言葉と比べると、変化したところと変化しないところ、双方が窺えてなかなか興味深い言葉になっています。

いずれにせよ、ポルトガルは折れ、ンジンガは勝利しました。

一六五六年、平和条約が結ばれ、マタンバとンドンゴの一部がンジンガの領土であることが認められました。貢ぎ物はなし。そして、条件にはもう一つ、妹カンブの解放も約束されていました。

カンブの帰還は、ムブンドゥの人々にとって、一つの巨大な祝祭でした。彼女が帰ってくることは、平和と独立、主権が帰ってくることに他ならなかったからです。

旅の途中のカンブを一目見ようと、王国中から人々が集まりました。彼らはカンブを見ても村に戻ろうとせず、そのまま付き添ったので、行列は山を越え、谷を過ぎ、川を渡り、いつまでも途切れぬ長いものになりました。

カンブとその行列が王宮に着くと、ンジンガは子供のように喜びを爆発させました。妹の前に身を投げ出すと、地面の土を自分の体にこすりつけます。妹の手に口づけし、ひざまずき、顔を地面に伏せました。神々への感謝をあらわすこの儀式の後、二人の姉妹は抱き合い、何度も何度も口づけをしたのでした。

去り際の姿

一六六三年、ヨーロッパにまで名を轟かせた、一代の女傑ンジンガは人生を終えました。八十歳を超すか超さないかくらいなので、当時としては驚くほどの長命です。

晩年は王室を象徴する樹皮の着物も、お気に入りだったポルトガルの豪奢なドレスもやめ、スカートとブラウス、肩にはショールという簡素な格好を好み、手足を彩る宝石の代わりに、「聖なる十字架と王冠を浮き彫りにした」首飾りを身につけていたそうです。

変幻自在、様々な姿を見せてきたンジンガが最後にまとった衣装は、敬虔なキリスト教徒というものでした。

余生は神の子として、穏やかに過ごせたようですが、往年の鋭さを見せることもあり、七十歳を過ぎても戦いの舞を達者に踊り、戦斧の技量も衰えることはなかったといわれています。

宣教師から年甲斐もないとたしなめられると、

「お言葉ですが、神父様。私は若い頃、どんなインバンガラにも引けを取らなかったし、二十五人の武装した兵士の集団に直面しても、彼らがマスケットを持っていればまぁ別

ですが、臆したことなんかなかったんですよ」（同）
そう言い返したそうです。

ンジンガの物語は死後も世界中で伝説として語り継がれました。ヨーロッパでは、食人や嬰児殺し、奔放な男性関係などを誇張され、あのマルキ・ド・サドなどは著作『閨房哲学』のなかで、自分の体を楽しませた後恋人を殺したとか、兵士同士を闘わせた後自分の体を与えたとか、三十歳以前に妊娠した女を乳鉢のなかで挽きつぶしたとか書き立てました。

一方、アフリカ、そして黒人奴隷の子孫が住むラテンアメリカでは、彼女は主権のため、自分の意志を持つために戦った掛け値なしのヒーローです。

キューバの詩人、ジョージナ・エレーラはンジンガを讃えた「アナ・デ・スーザに愛と尊敬を捧げる歌」のなかで、彼女を「聖なる女性、女王」「すべての始まりの母」と呼び、次のように詠いあげています。

あぁ、ドナ・アナ

怒りと優しさのおばあちゃん
敵との長い戦いの日々があなたを比類のない女性にした

そして、祖国アンゴラでは、ンジンガは国の母、民族の庇護者として記憶されています。独立戦争の際、ポルトガルを打ち破り、対等であることを認めさせた彼女の名前は、兵士の勇気を何度も奮い立たせました。独立宣言がなされたのも、彼女の活躍の舞台となったルアンダです。

独立後、ルアンダには銅像が立ち、通りには彼女にあやかった名前がつけられました。二〇一三年には、彼女をヒロイックに描いた映画が公開されています。

アンゴラの人々のンジンガへの愛は、十九世紀にこの地を旅した宣教師が記録した、ある男性の言葉の通りのようです。本章の最後にリンダ・ロドリゲス・マクロビー『悪いお姫様の物語』（緒川久美子訳）から、その言葉を紹介したいと思います。

「アンゴラでは路傍の草にいたる生きとし生けるもののすべてが、偉大なる女王のことを覚えている」

引用・参考文献：

『Njinga of Angola: Africa's Warrior Queen（English Edition）』（Linda M. Heywood、Harvard University Press、二〇一七）

『悪いお姫様の物語―おとぎ話のように甘くない24の悪女の真実』（リンダ・ロドリゲス・マクロビー著、緒川久美子訳、原書房、二〇一五）

「Queen Ana de Sousa Nzinga Mbande of Ndongo（Angola）」（Black History Heroes, http://www.blackhistoryheroes.com/2011/03/queen-ana-de-sousa-njinga-mbande-of.html）

「Queen Njinga Stood Up to the Portuguese Invaders of Angola」（Linda M. Heywood, https://www.academia.edu/6972267/Queen_Njinga_Stood_Up_to_the_Portuguese_Invaders_of_Angola）

医療品が入った箱を叩き割る

「包帯と消毒液が足りません。この在庫を使わせなさい」

クリミア戦争の際、医療品の欠乏に苛立ったフローレンス・ナイチンゲールと指揮下の看護師たちは、軍医長官ジョン・ホール博士にそう詰め寄りました。しかし、当時のイギリス陸軍の官僚主義と無能さの象徴のようだったホールは、薄笑いさえ浮かべながら答えます。

「ミス……軍の決まりを知らないようですな。この箱は委員会の許可がないと開けられません。そして次回の委員会は三週間後です」

ホールの言葉を聞くやいなや、ナイチンゲールたちは箱の蓋を叩き割りだしました。そして、口をぽかんと開けたホールに言い放ちます。

「許可がなくったって開いたじゃないの。持って行きますからね」

日本では看護の母として、母性や女性性を強調して語られがちなナイチンゲールですが、その実態は気性激しく、自分のやりたいことを実現するためなら、どんな障害も力ずくでなぎ倒す、ブレーキのない超高性能ブルドーザーのような人でした。

しかし、そんな強い自我を得るには、長い艱難辛苦があったのです。

フローレンス・ナイチンゲールは、一八二〇年五月十二日に生まれました。

父親は資産家のウィリアム、母親は名士の出のファニー（フランシス）で、三年！にも及ぶ新婚旅行の最中のことでした。

ナイチンゲールは次女で、一つ上の姉はナポリで生まれたためその旧名パルテノペの英語読みからパースィ、ナイチンゲールはフィレンツェで生まれたためその英語読みからフローレンスという名前をつけられました。

幼少期、ナイチンゲールは風変わりな女の子でした。

子どもらしくはしゃいだりせず考えごとばかり。何でも紙に書き留め、特に数に強いこだわりをみせました。船の汽笛の鳴る回数をメモし、それが前日と違うと「昨日は二回だったのに、今日は一回だけ。なぜ？」と周囲を質問攻めにして困らせることもあったそうです。

奇妙な子どもでしたが、お父さんのウィリアムは娘の変わったところをむしろ才能ととらえてくれました。

ケンブリッジ大学で学んだウィリアムは百科全書的な知識人です。彼は娘に英文法、作文、フランス語、ドイツ語、ギリシャ語、数学、心理学、憲法史、英国史、ドイツ史、イタリア史、ローマ史、トルコ史などを教えてやりました。

当時としては女子教育に理解のあるお父さんに恵まれた上、家族全員が並外れた美貌の持ち主。おまけに屋敷も家が十五部屋もある大豪邸（もっとも、ナイチンゲールはこの屋敷が小さいと思っていました）です。まさに華麗なる一族でしたが、ナイチンゲールは決してバラ色の少女時代を過ごしたわけではありませんでした。

彼女は「食卓恐怖症」ともいうべき強迫症にかかっていて、家族の集まる食事の時間が恐ろしくて仕方なかったそうです。自分がナイフやフォークで妙なことをしでかすのではないかという妄想に捕われ、白刃の上を素足で渡るような緊張感で、日に三度ある食事に臨んでいました。

数への強いこだわり、そしてこの「食卓恐怖症」。

こうした特性から、『天才の秘密　アスペルガー症候群と芸術的独創性』などの著作もある精神科医のマイケル・フィッツジェラルド博士は、ナイチンゲールが、発達障碍の一つ、アスペルガー症候群であった可能性を示唆しています。

アスペルガー症候群は、現在は自閉スペクトラム症と呼ばれ、この障碍を持つ人は、いわゆる空気が読めず他人とのコミュニケーションに大変苦しむ一方、記憶力・計算力に優れ、高い知能指数を有している場合も少なくないそうです。

なかには学業やビジネスの分野で大成功をおさめる人もいて、ナイチンゲールも生得のいきづらさをばねにして自身の才能を開花させた人なのかもしれません。

数学への傾倒

父ウィリアムは、養父である叔父の遺産によって本人の才覚とは全く関係なしに成功者になってしまった人でした。そのため、書斎で静かに読書が出来れば満足で名利に対する欲というのがあまりなかったようです。

母ファニーはそんな夫が物足りなく、代わりに、社交界入りする年頃になった娘たちへ情熱を注ぎます。

父の薫陶のおかげで歴史、文学、政治、どんな話題でもついていけ、踊りも上手、若い頃は光り輝くような金髪の持ち主だったナイチンゲールは、たちまち社交界の花形となりました。

しかし、成長し女性としての魅力がいや増すに連れ、「神に仕えよ」という内なる声を聴くようになります。

「自分がしたかったことは果たしてこんなことなのか?」

それに、人気とは裏腹に、曖昧で原則がない社交の世界は強いストレスでした。心を守ろうとする防衛反応か、突然周囲の声に反応しなくなり、夢想状態に陥るということも多々あったようです。

そして、社交とは真逆の世界、数学を学びはじめます。

当時、ベルギーのアドルフ・ケトレーという天文学者が書いた『人間について』という本がベストセラーになっていました。数学のテクニックを社会学に応用したもので、いわば統計学の走りでした。

ナイチンゲールはこの無骨な数字の並んだ『人間について』に夢中になったようで、なかでもある法則に感動します。

「霜が降りなくなった日からの、一日ごとの平均気温の二乗を合計していき、それが4264になればライラックは開花する」

ライラックの法則といわれるもので、数学の清潔で時に冷たささすら感じさせる理性の世界が、実は深いところで、ライラックのあの紫色の花、優しく柔らかい命とつながっている。

数学という技術《アート》を使って、ライラックを咲かせること。

これが彼女の人生をつらぬくテーマになりました。

神の声の意味を知る

一八四二年、二十二歳の時、ナイチンゲールは人生の転機となる二つの出会いをします。当時のことは、イギリスの伝記作家セシル・ウッドハム＝スミスの『フローレンス・ナイチンゲール　1820―1910』（原題は章末参照）に詳しく書かれています。以下、同書から要約して紹介しましょう。

一つはリチャード・モンクトン・ミルンズという、彼女の人生で唯一恋人と言ってよい男性との出会いです。

しかし、より重要なのはもう一つの出会いの方でした。

ファニーが「レディーに必要な施しの精神を教えよう」と、住まいであるリー・ハースト荘近くの貧村に、娘たちを連れて行ったのです。何不自由ない上流階級の生活がいかに幸せか、数学などに脇見する次女に思い知らせてやろうという魂胆もありました。

ナイチンゲールは寝たきりの老人や病人が何の看護もされず、ただ死ぬのを待つだけで放ったらかしにされている様に衝撃を受けます。

「人々の苦しみを思うと私の心は真っ暗になった。それが四六時中、前から後ろから、つきまとって離れない。もう他のことは考えられない」

貧しい人たちを助けたい。

ついに彼女は自らの天命、あの神の声の意味を知ったのでした。

ようやく、神の声に応える術を見つけたナイチンゲールですが、家族に看護師になりたいと希望を打ち明けると、ファニーと姉のパースィから大反対されました。

当時、病院は血膿に塗れた医者が外科用のナイフを振り回す、不潔で汚く恐ろしい場所で、看護師もふしだらで無能、大酒飲みで、時に医者や患者と不倫するような女が就く最低の職業だと思われていたからです。

父ウィリアムも、「こんなことを言い出させるために学をつけてやったのか」と失望の風を見せました。

一体、ナイチンゲール一家というのは、ナイチンゲール本人も言っている通り、性格が強すぎて、誇大妄想気味、一度言い出したら、一歩も引かない人たちばかりなのです。

この時から、看護の道に突き進もうとする末っ子と、それを引き戻そうとする父母姉との戦いがはじまりました。

家族との戦い

ナイチンゲールは家族の目を盗んでは、公衆衛生や病院に関する資料を読みあさり、そして、屋敷近くの貧村に赴いては、貧困に苦しむ人に看護のまねごとを施しました。

一八四九年には、恋人ミルンズとの、長年の交際にも終止符を打ちます。

自分の知的なところも情熱的なところも彼は理解してくれるだろう。でも、私の道徳的で活動的な部分、本当にやりたいこと、看護を彼との生活で見いだせそうにない。

そう考えての判断でしたが、家族も「この人なら」と期待を寄せていたミルンズとの破局は、ただでさえ、冷戦気味だった家族との関係を決定的に悪化させます。

ナイチンゲールの夢想癖はますますひどくなり、今や、来客の前でも茫然自失となる有様でした。

一人部屋に引きこもり、ダンスの音楽や人々の笑い声をことさら遠くに聞きながら、ナイチンゲールは今まで気づこうとしなかった、いえ、気づかない振りをしていた女たちのことを考えていました。

華々しいパーティの陰で、オールドミスが人気のない部屋に集まり、切なげなため息をついていなかったか。また、一族のなかにも、することが何もなかったばかりにおかしくなった人がたくさんいたではないか。

彼女たちは自分の未来の姿だったのではないか……

衰弱するナイチンゲールに、友人のブレーズブリッジ夫人が助け船を出します。

以前、イタリアに連れ出してもらったことがあったのですが、今度はエジプトまで足を延ばす大旅行でした。この旅中、ブレーズブリッジ夫妻の提案で、ナイチンゲールはついに念願の病院見学の機会を得ました。ヨーロッパでも最先端、ドイツのカイゼルスヴェルト学園を訪問出来たのです。

看護に直接携わることは無理でしたが、ここで働く女性たちが皆信心深く高潔で、真摯に患者をケアしていることに感銘を受けます。

彼女はこれまでにない勇気を感じ、高揚の余り、30ページを超すパンフレットを瞬く間に書き上げました。そのなかで、イギリスの「忙しい怠け者」にされている女性たち、「やることがなくて気が狂いそう」な女性たちに向けて、ここに仕事が、幸せが、同志がいると訴えています。

ただ、英国に帰国すると家族は相変わらずで、屋敷に閉じ込められたり、精神を病んだ姉のパースィの介護を押しつけられたりしました。

しかし、めげずに翌々年の一八五一年、再度、カイゼルスヴェルト学園を訪れます。

学園での生活は、朝五時起床、食事は十分以内で内容も質素でしたが、孤児院の子どもや患者の世話をし、手術にも初めて立ち会うなど、充実したものでした。

学園の創設者、フリードナー牧師は、

「今まで彼女ほど抜群の成績で試験に合格し、完璧に学び得たものはいません」(同)

とナイチンゲールを絶賛しました。

三か月の研修を終え、帰国したとき、ナイチンゲールはもう昔とは違っていました。おどおどしたところはなくなり、夢想癖もおさまりました。

それに、家族の反対にあいながらも、看護の仕事に就きたいとあがきもがいている間に、ナイチンゲールには、強力な応援団が出来ていました。

先述のブレースブリッジ夫妻、ナイチンゲールの才能の最初の理解者といってよいメイ叔母さん、そして、終生の同志となるシドニー・ハーバート夫妻。

眼病の治療に付き添ってやったことを契機に、父ウィリアムもフローレンスの味方になります。もっともファニーのことが怖かったので内緒でですが。

この頃、彼女は日記に「自分は自立した」と記し、父への手紙に「失望に満ちた未熟の時代、青春、私のそれはもう終わり、二度と戻りません」と書いています。（同）

一八五三年には、パリで病院、診療所、救貧院を見て回り、ヨーロッパ諸国の病院に関する詳細な統計を取りまとめました。

そして、同年夏、シドニー・ハーバート夫人から、ロンドンにある経営難の婦人慈善病院の建て直しを依頼されるのですが、この時、また彼女の耳元に神の声が聞こえたそうです。

メイ叔母さんを付き添いにして、婦人慈善病院へ乗り込んだナイチンゲールの活躍はめざましいものでした。

まずセントラルヒーティングを備え付けて部屋の温度を一定にし、さらに食糧貯蔵庫を作り、貯蔵品の安全を確保したうえで、配膳作業を楽にするために調理場から各階に食事を運ぶリフトを作りました。

また、看護師が待機するナースステーションの前身のような部屋をしつらえ、彼女たちが急を要する患者にすぐかけつけられるように、病室に呼び鈴をつけました。呼び鈴はナースステーションと配管でつながっていて、引っ張ると弁が開き、部屋番号をつけた札がひっくり返るため、どの部屋で鳴ったかがすぐ分かる仕組みでした。ナースコールの原型です。

また、実際に素行が悪かった看護師たちの意識改革にもつとめ、彼女たちに看護の仕事が何であるかを教えました。

『看護覚え書』のなかで、ナイチンゲールはこう書いています。

「看護とはこれまで、せいぜい薬を飲ませたり湿布剤を貼ったりすること、その程度の意味に限られている。しかし、看護とは、新鮮な空気、陽光、暖かさ、清潔さ、静かさなどを適切に整え、これらを活かして用いること、また食事内容を適切に選択し適切に与えること——こういったすべてのことを、患者の生命力の消耗を最小にするように整えること、を意味するべきである」

看護師のなかにも人生の辛酸をなめてきているだけに、涙もろくて情に厚く、本気で患者を助けてあげたいと思う人がいくらでもいました。彼女たちは、ナイチンゲールの指示通り動くと、実際に命が救われる人が増えることに驚き、仕事にやりがいを感じました。そして、自分自身に誇りを持つようにもなったのです。

婦人慈善病院の成功は周囲を、そしてナイチンゲール自身も驚かせました。

ただ、改革が進み、病院の運営が順調に回り出すと物足りなさを感じるようになったようです。手記に婦人慈善病院のことを「このちっぽけなもぐら塚」などと書いています。同じことの繰り返しだと、すぐ飽きてしまう人なのですね。

一八五四年秋、一通の手紙がナイチンゲールの元に届きます。差出人は、戦時大臣（陸軍長官）となっていた友人、シドニー・ハーバート。

「クリミアで戦う兵士たちのため、看護団を結成して、野戦病院のあるスクタリに向かって欲しい」

そのとき、彼女の耳にまたしても神の声が響きました。

「フローレンス、行け！」

クリミア戦争勃発

一八五三年に勃発したクリミア戦争は、台頭著しいロシアと、衰勢のオスマン・トルコとの間で、黒海沿岸の支配権を巡り、起きたものです。

この頃のイギリスはビクトリア女王の支配の元、日の沈まぬ王国として、全盛を極めていました。陸軍も自他ともに世界最強と目されていたのですが、実態はお粗末なものでした。本格的な戦争は四十年近く前のナポレオン戦争以来で、武器にも将校にも歴史博物館におさめた方がよいような骨董品が混ざっていたのです。

老人たちの指示で、二五〇〇キロ離れた、ギリシャ神話でいうところのアマゾーンの地、クリミアに派遣された若者は、ロシア人に出会う前に、「コレラ」や「発疹チフス」になぎ倒されました。

トルコ領のスクタリに用意された野戦病院はあっという間に、病人で満杯になります。そして、この病院が実にひどいものでした。建物は巨大で殺風景な元兵舎でしたが、次々と運び込まれる傷病者をおさめるには狭く、ようやく人が一人通れるくらいのスペースだけ空けて、四マイル（約六キロ）にわたり、ベッドが並べられていました。床は腐りきり、いたるところに害虫が蠢いているうえ、壁にはべったりと得体の知れない汚れがこびりついています。換気装置は一切なしです。

こうした病院の実情と兵士たちの悲惨な境遇は、従軍記者というクリミア戦争の時にはじめて現れた職業の人々によって、本国に伝えられていました。

世論はナイチンゲールと彼女が選んだ三十八名の精鋭看護師団の派遣を、救国の英雄の登場のようにもてはやしました。母も姉も手のひらを返したように、ナイチンゲールを応援します。

国中の、そして初めて家族が一丸となった励ましの声を追い風に、一八五四年十月、船上の人となったナイチンゲールのポケットには一通の手紙が入っていました。それは、かつての恋人ミルンズのもので、こう記されていました。

「私の願いは聞いてくれなかったのに、この仕事は引き受けるのですね」（同）

野戦病院の看護師たち

十一月九日、スクタリの野戦病院についたナイチンゲールは、ここが地獄だと即座に理解しました。現地に行ってみると、ベッドも、ローソク立ても、洗面器も、タオルも、石けんも、ほうきも、ぞうきんも、盆も、皿も、スリッパも、はさみも、ナイフも、フォークも、スプーンもなく、代わりに割り当てられた部屋には、何故かロシア兵の死体が一つ転がっていました。

軍医長官、ジョン・ホール博士をはじめとする病院のスタッフたちは、彼女たちを迷惑がり、「鳥」と呼んであざけりました。ホールは、中央に「病院の施設は十分満足すべき状態で、物品の欠乏もない」とでたらめを報告していたため、フローレンスによって、実態が暴かれることを恐れていたのです。

赤痢、下痢、リウマチ熱などの病人を満載した船が次々にやって来ましたが、患者たちはバタバタと死んでいきました。原因は恐るべき病院の不潔さで、まともに掃除されていない床をノミやシラミが跳ね回り、下痢症の患者が一千人いたのに、便所は閉鎖され、室内便器もこの広大な病院で二十個しかありません。

その数少ない便器も汚物であふれ、配管もつまっていたため、汚水が医師や看護婦の控え室まで流れ込み、床上一インチ以上も浸水したこともあったそうです。

病院のシステム自体を改革しないとどうにもならない――そう考えたナイチンゲールは、まず病院の物資と調達状況の確認からはじめました。母親から屋敷の膨大な備品の管理を押しつけられたことがありましたが、凝り性な彼女はわざわざ詳細な帳面をつけて、資材のやりくりを見事にやってのけました。その経験が役に立ったのです。

もともと本国の男たちの言葉を信じていなかった彼女は、道中調達した食材と、自分が集めた七千ポンドと様々な方面から支援された二万三千ポンドの合計三万ポンドを、スクタリに持参していました。現在の価値に換算すると、三万ポンドは、約三億円にあたります。

この豊富な資金を利用して、必要資材をどんどん買い入れました。

靴下、下着、ナイフ、フォーク、スプーン、ブリキの浴槽、テーブル、長椅子、キャベツににんじん、手術台、タオルや石けん、小さい歯ブラシ、ノミ取り粉、はさみ、便器に木枕。

彼女は自分のことをハーバートへの手紙のなかで「よろず屋」に例えています。彼女の元にだったら、何でもあり、何でも支給してくれるのでした。

病院では信じがたいことにまともな洗濯が一度も行われていなかったため、病院の外にあった小屋を洗濯小屋にし、兵士たちの妻を雇って、洗濯業務にあたらせました。

こうして、病院内に少しずつ、秩序が取り戻されていくにつれ、兵士たちは彼女に信頼と愛情を寄せるようになりました。

毎夜、ランプを持って、六キロもある病棟の廊下を巡回して回る彼女は、いつしか「ランプを持った淑女」と呼ばれるようになっていました。

スクタリに行く少し前、ロンドンで婦人慈善病院の建て直しに取り組んでいた頃の、ナイチンゲールのプロフィールをある婦人が書き残しています。

「背が高くすらりとして、フサフサした短めの茶色の髪、とても柔らかな肌の色、そして、灰色の瞳はいつも寂し気に伏し目がちですが、いったん熱を帯びてくると、誰の眼よりも活き活きと輝きを放ちます。そして、白玉の歯！　その歯並みがこぼれると、彼女の笑顔はこれまで見たこともないほど美しくなるのです」（同）

冗談とものまねも好んだ彼女の活気やユーモアに触れたら、どんな深手を負った患者もすぐ元気を取り戻しました。残酷な外科手術を受けるくらいなら、死んだ方がましと思っている者でも、ひとたび彼女に手を握られると、手術台にのぼる勇気を得たといいます。

ただ、傷病兵を癒やしたナイチンゲールの足音は、控え室で待つ看護師たちにとっては畏怖の対象でした。

ナイチンゲールは、情け容赦のない恐るべき指揮官でもあり、看護師たちは仕事の過負荷と、規律の厳格さの下で呻吟していました。

規則を破ってでも患者の食事量を増やしてあげようとしたある看護師は、ナイチンゲールと衝突後、不用意にも内情を外に漏らしてしまったため、容赦なく首にされています。

巡回を終えた彼女は、看護師たちと愚痴を言いあったりすることなく、自分の部屋に引きこもりました。

そして、ペンを取り、軍の非効率、セクショナリズム、臆病、無責任に対する怒りを、毒舌の限りを尽くして、報告書にたたき付けるのでした。

みるみる減っていく死亡率

ナイチンゲールの努力にもかかわらず、なかなか病院の死亡者数は減りませんでした。年が明けて一八五五年になると病院の収容者数は一万人を超え、医者や看護婦のなかにも犠牲者があらわれます。

三月、ようやく政府は重い腰をあげ、高名な衛生学者であるジョン・サザランド博士をはじめとする衛生委員会を派遣しました。この提案はナイチンゲールの名前こそ直接出ていませんが、その指令書のみなぎる臨場感から、彼女の働きかけが裏にあったのは明らかでした。

後にナイチンゲールの熱烈な支援者になるサザランドは、兵舎病院の実情を「殺人的」と形容しました。

「むしろ病院などない方がましではと疑問を覚えるほどでした」(『実像のナイチンゲール』リン・マクドナルド)

そうナイチンゲールも、彼女一流の皮肉で病院の状態を総括しています。

委員会は徹底的な清掃を命じました。手押し車と大かごに五百五十六杯分のゴミ、二十四匹の動物の死体、そして馬は二頭分の死体が取り除かれました。下水溝はつまりを取り除いて消毒し、壁は石灰で洗って害虫を駆除しました。

するとと効果はてきめんで、みるみるうちに死亡率は低下していきました。半年近い戦いの成果がようやく数字となって現れたのでした。

しかし、もう彼女の体にも限界が来ていました。

彼女は朝食も昼食もまともに取れないまま、二四時間働き通しでした。けが人に包帯を巻くため八時間ひざまずいていたこともあります。

しかも、看護は職務のごく一部で、毎夜の巡回が終われば、部屋に戻り、備品の管理などの病院運営業務、そして、ハーバート宛ての報告書の作成に取りかかるのでした。

五月、ついにナイチンゲールは病に倒れ、二週間、生死の境をさまよいます。最新の研究では、ブルセラ症と呼ばれる、小アジア特有の風土病だったとされています。幸い一命は取り留めたものの完治せず、以後も度々、再発しては彼女を苦しめることになります。

九月には、フローレンスのことを心配したメイ叔母さんがスクタリに駆けつけたのですが、やつれ振りと、周囲から孤立している様子に驚いています。

ナイチンゲールは、叔母さんの言を借りると、病気だけでなく「卑劣で、利己的で、無能な人たち」とも闘わなくてはいけませんでした。（前掲『フローレンス・ナイチンゲール　1820―1910』より、以下同）

「出来ることなら私をジャンヌ・ダルクのように火あぶりにしたい、と思っていない役人は一人もいません」（同）

彼女はこの頃の自分の立場をそう語っています。

しかし、結局のところ、ナイチンゲールはホール博士をはじめとする愚かな男たちに勝利をおさめました。

政府はホール博士のナイチンゲールを非難する手紙には耳を貸さず、代わりに、野戦病院の大量死について「不可抗力ではなく、無関心と愚昧と非能率と官僚主義がからみあってなされたもの」と結論づけたのです。

一方、奇妙なことに、病院に関わった将校のなかで処分されたものはおらず、ロシア人より上手にイギリスの若者を死なせたことを嘉してか、昇進、勲章をさずかるものまで出ました。ホール博士もバス勲章（騎士団勲章、最も栄誉ある軍事勲章の一つとされる）を授与されています。

ナイチンゲールはあきれ果て、

「クリミア墓地の騎士という意味かしら？」

と彼女が吐いた無数の毒舌のなかでも最大級のものを書き残しました。

統計グラフのパイオニア

一八五六年三月三十日、イギリスをはじめとする連合軍とロシアとの間で和平条約が結ばれ、クリミア戦争はようやく終結しました。

ナイチンゲールは殿軍をつとめ、七月に最後の患者を船に乗せてからスクタリを発ちました。クリミア戦争は、兵士だけでなく、看護師にとっても過酷な戦争で、彼女が連れてきた三十八名の看護師のうち、帰国の船に乗れたのはたった十二名でした。

ロンドンに帰還後、ナイチンゲールは、ブルセラ症のため、間欠的に呼吸困難、動悸、悪寒と熱、そして耐えがたい倦怠感に襲われ、しばしばベッドに横たわらなくてはいけない体になっていました。この状態は死ぬまで続きます。

しかし、クリミアでの悲劇をもたらした非能率と官僚主義は、未だ軍に、いや国のそちこちに健在でした。にもかかわらず、エリートたちは皆やれやれと、クリミア戦争のことを忘れようとしていました。同志のハーバートですら、アイルランドでバケーションを楽しんでいたのです。しかし、ナイチンゲールは休息を自分にも他人にも許しませんでした。彼女の胸には「もっとたくさんの人を救えた」という悔恨だけが残っていたのです。

帰国後の彼女の人気は絶大なものでしたが、サインにもインタビューにも応えず、その代わり、クリミア戦争での死者の原因分析をまとめた九百頁に及ぶ報告書をまとめ政府に提出しました。

このなかで彼女は今私たちがパワーポイントやエクセルで使用する図解グラフを世界ではほとんど初めて使用しました。そのため、彼女は統計グラフのパイオニアとも言われています。特に「鶏頭図」として知られるグラフは、彼女が作ったものです。

また、医局の会計方式の作成にも取り組みました。ずっと後の一九四七年のことですが、英国の議会が各部局の会計方式を調べたところ、ここ二十年の間に破棄されたものがほとんどなのに、医局のものだけが異常に出来がよく、健在であることに気づきます。不思議に思って、そもそも誰が作ったのだろうと調べたところ、なんと八十年前、ナイチンゲールが考案したものであることが分かり、皆驚いたそうです。

兵舎の衛生状態の改善、陸軍統計局の設置、陸軍医学校の設立、陸軍医務局の抜本的再編成と条例の改正、医官の昇進規定の策定。

これらを目的とした四つの委員会を切り回し、病床から政府と軍に指示を出します。その様はまさにフィクサーで、彼女の住居兼仕事場はいつしか「小陸軍省」とあだ名されるようになりました。

改革の敵手の多くは、ナポレオン戦争の生き残りでしたが、誰も彼女の相手ではありませんでした。ナイチンゲールの鞭の一打ちごとに、老いた英雄たちは引き下がりついには屈服しました。

数々の改革が成功し、その結果、英国兵士の死亡率は半減しました。

今でも世界中の看護師たちのバイブルとなっている大ベストセラー『看護覚え書』を著したのもこの時期です。後進を育てるために、ナイチンゲール看護師訓練学校も作りました。

こうしたナイチンゲールの活躍を支えたのが、シドニー・ハーバート、ジョン・サザランド博士、メイ叔母さん、アーサー・ヒュー・クラフでした。

献身的な助手役だったアーサー・ヒュー・クラフは、メイ叔母さんの娘と結婚しており、高名な詩人でもありました。

彼らは「ナイチンゲールの四騎士」ともいうべき存在で、寝椅子に身を横たえたままの彼女を強力にバックアップしました。

しかし、ナイチンゲールの元で働くのは、なんとも過酷なことでした。

彼女の完璧主義は、戦友にも求められたからです。

私は病に倒れ、時に死に瀕することもある。にもかかわらず、ここまで働いているのだ。なぜ、健康なあなたたちに同じことが出来ない？　同じことを要求して何が悪い？

彼女は飴と鞭を使い分け、周りの人間をたくみにコントロールしました。彼女の魔術にひとたびかかれば、その蜘蛛の糸から逃れることは不可能。すべてを捧げ尽くすまで、酷使される他ないのでした。

メイ叔母さんの脱落、ハーバートの死

まずメイ叔母さんが脱落しました。もともとメイ叔母さんは、一時ナイチンゲールが重体に陥ったとき、彼女が天に召されるまでという約束で、家庭を出たのでした。それが、もう二年半、まったく死ぬ気配はなく、それどころか健康体の成人男性が一万人集まってもなし得ない事を、次々に実現させています。

確かにもう頃合いかしら？

そう思ったメイ叔母さんが家に戻りたいと打ち明けると、ナイチンゲールは冷ややかな一瞥をくれました。そして、もうそれっきりで、この叔母と顔はあわさず、口をきこうともしなくなりました。

自分の才能を誰よりもはやく認めてくれたメイ叔母さん、母を説得して数学を勉強出来るようにしてくれたメイ叔母さん、看護婦になりたいといって家族皆に反対された時でも味方になってくれたメイ叔母さん、婦人慈善病院の建て直しの時でも、スクタリの野戦病院でも、ピンチの時はいつも駆けつけてくれたメイ叔母さん。

彼女は、そんな「魂の母」「恋人」とすら呼んだ女性を、この一事で無慈悲にも切り捨ててしまったのです。

「もうフローレンスの健康状態についてお伝えすることは出来ません。彼女はもう一週間以上、私に会おうともしてくれないんです」

そうナイチンゲールの家族に言い残して、叔母さんは寂しく姪のもとを去りました。

ナイチンゲールは長い手紙に怒りをぶちまけました。

「女性は総じて無知、無関心であり、知識欲も向上心もない」「女性には共感が欠けているゆえに、私をモデルにして生き方を変えた女性はいない」（「モール夫人への手紙にみるナイチンゲールの女性観」）

彼女に言わせたら、共感とは誰かに感化されて生き方まで変えることでした。そして、あれほど男たちから邪魔され、妨害され続けてきたのに、ナイチンゲールは意外にも男の方が女よりも共感する力が強いと考えていました。

「自分の人生を完全に変えてしまった男性達が真の共感者である」（同）

このとき、念頭にあったのは、健気に仕え続けてくれるクラフとハーバートのことでした。しかし、二人にも限界が来ていました。まず、助手として懸命に働いていたクラフが倒れます。温暖な土地で絶対安静を守ることと医者から勧告された彼は、静養のためロンドンを離れました。

毎日、ナイチンゲールの元に通っていたハーバートも、病魔に冒されます。死期を悟ったハーバートは、辞意を告げるため、ナイチンゲールの元を訪れました。

以下は、彼女自身が手紙のなかで、その時、そう対面で語ったと述べていることです。

「勝ち札を皆持っているのに、こんな大勝負を途中で投げ出す男なんて見たことがない！」（前掲『フローレンス・ナイチンゲール　1820―1910』以下同）ハーバートは、何も弁解せずただ黙って、罵声を聞きました。
「あの天使のような寛大さを、私は絶対に忘れない」（同）
そうナイチンゲールは悔恨とともに手紙のなかで振り返りましたが、そのときは、もうハーバートは亡くなっていました。
最期の言葉は「可哀想なフローレンス……可哀想なフローレンス、私たちの仕事はまだ終わっていないのに」だったそうです。（同）

その後のナイチンゲール

ハーバートの死はナイチンゲールを打ちのめしました。

このとき、また神の声が響きます。そして、人生で四度目のこの声を最後に、もう神は彼女に語りかけることはありませんでした。

まもなくクラフも亡くなり、彼女を支え続けた四人の騎士のうち、三人が彼女のもとを去りました。その喪失感を彼女はこう表現しています。

「私は頭上に三つの未亡人の帽子を被っています。一つはシドニー・ハーバートのためのもの。もう一つはアーサー・クラフのためのもの。最後の一番大きな帽子は、私の最

愛の人であった女性（つまりメイ叔母さん）のものです」（同）

この後も、彼女は長く生き、働き続けます。

ヨーロッパ最高の衛生問題の専門家として、看護における最高の権威者として、大臣や次官は助言を求め、インドの総督は代替わりの度に、彼女の元を訪れるのが慣例になりました。イギリスだけでなく、彼女の名声は全世界に伝わり、アメリカで南北戦争が勃発した際には、南北両軍が野戦病院の運営について、アドバイスを聞きたがったそうです。

かつて「女性には共感が欠けている」などと書いたのは間違いで、ナイチンゲール看護師訓練学校で育った看護師は世界に羽ばたき、「私をモデルにして生き方を変えた女性」が数知れず生まれていました。一八九九年には、日本初の女子留学生の一人、津田梅子がナイチンゲールの元を訪れています。

彼女が亡くなったのは一九一〇年八月のこと。ナイチンゲール家は皆長命ですが、彼女もそれに漏れず、九十歳と三か月、愛するたくさんの猫たちに囲まれて、静かに、眠るような大往生でした。

クリミアの天使とも言われ、優しい女性、慈しみ深い母親のイメージで語られることの多い、フローレンス・ナイチンゲール。

しかし、彼女自身は、そのイメージが自分には合わないと思っていたようです。

彼女自身が自分をどう思っていたか？

それを端的に示す名言を紹介して本章の筆を置こうと思います。

「天使とは、美しい花をまき散らす者ではなく、苦悩する人のために戦う者のことだ」

引用・参考文献：
『Florence Nightingale:1820–1910』（Cecil Woodham-Smith, Constable & Robinson Ltd, 1996）、邦訳『フロレンス・ナイチンゲールの生涯』（セシル・ウーダム＝スミス著、武山満智子・小南吉彦訳、現代社、一九八三）
『ナイチンゲールは統計学者だった！　統計の人物と歴史の物語』（丸山健夫著、日科技連出版社、二〇〇八）
『ナイチンゲールの『看護覚え書』　イラスト・図解でよくわかる！』（金井一薫編著、西東社、二〇一四）

『実像のナイチンゲール Florence Nightingale at First Hand』（リン・マクドナルド著、島田将夫監修、金井一薫ほか訳、現代社、二〇一五）
『闘うナイチンゲール　貧困・疫病・因習的社会の中で』（徳永哲著、花乱社、二〇一八）
『ナイチンゲール伝　図説看護覚え書とともに』（茨木保著、医学書院、二〇一四）
『ナイティンゲール伝』（リットン・ストレイチー著、橋口稔訳、岩波文庫、一九九三）
『フローレンス・ナイチンゲール』（L・D・ピーチ作、ジョン・ケニイ絵、敷地松二郎・五十嵐輝人・吹山保之訳、アドアンゲン株式会社、一九七四）
「Florence Nightingale brucellosis or dissociation/conversion and a possible neurodevelopmental disorder」（Michael Fitzgerald, https://www.researchgate.net/publication/355379645_Florence_Nightingale_-brucellosis_or_dissociation_dissociationconversion_and_a_possible_neurodevelopmental_disorder, 2021）
「モール夫人への手紙にみるナイチンゲールの女性観」（佐々木秀美、林君江、小河朋子, http://harp.lib.hiroshima-u.ac.jp/hbg/metadata/7504）

第十章　非情剛毅を貫いた皇后　中国三大悪女・呂后

娘を天皇に嫁がせることで争った源平合戦⁉

武士と貴族で何が違うかというのは、偉い研究者さんでも喧々囂々の論争が続いているテーマですが、二〇二二年の大河ドラマ『鎌倉殿の13人』のとあるシーンを見ていて、ふと「天皇に娘を嫁がせる資格があるかどうかではないだろうか」という考えが浮かびました。

それは後鳥羽天皇に嫁がせるつもりだった大姫（南沙良）が夭折した枕元で、源頼朝（大泉洋）が「まだわしにはなすべきことがある」と言いながら、北条義時（小栗旬）に、次女三幡《さんまん》の入内を指示する場面です。

考えてみれば、平清盛は娘徳子《とくし》を高倉天皇に嫁入りさせ、安徳天皇を産ませたことで栄華を極めました。もっと遡れば、道長をはじめとする藤原氏は娘を天皇の后とし、外祖父となることによって摂政もしくは関白となる権利を得ています。

武家政権を確立させ、新たな時代「武士の世」を開いたとされる頼朝ですが、こう俯瞰してみると、別に先代の権力者たちと違う行動原理を持っていたわけではないことが分かります。

頼朝にとっても出世のゴールは「娘を天皇に嫁がせる」ことでした。逆に言えば、大姫と三幡が若死にしてしまったために、頼朝は貴族になりそこね、その政権も京都とは別の道を歩まざるを得なくなったのです。

長女の遺体がまだ温かいうちから、次女の嫁入りの話をし出す頼朝にどん引きしていた義時と政子（小池栄子）ですが、『鎌倉殿の13人』では、この後、北条氏が比企氏を族滅するいわゆる「比企能員《よしかず》の変」も描かれます。しかし、これも、鎌倉殿初代の頼朝に娘政子を提供した北条氏と、二代目の頼家に娘を提供した比企氏との争いです。

つまり、主君に嫁を提供する座を巡って激しく戦っていたという点では、京都も鎌倉も、貴族も武士も何ら変わりはないのです。

むきつけな言い方をすれば、ハラを提供することで母系を支配しようとする。このリビドーが歴史を動かす大きな原動力だったというのは、日本の大きな特色の一つなのかもしれません。

母系社会で夫婦平等だった中国

お隣の中国は、日本と比較すれば、父系の力で歴史が動いてきた側面が強いといわれます。

漢族社会では、父子関係と母子関係だったら、圧倒的に父子関係の方が重要で、父からは骨を、母からは肉を受け継ぐとされてきました。骨は朽ちずに代々継承されますが、肉は一時的なものです。宗族のアイデンティティは父―子の軸にこそあり、母―子は一代限り、たまさかなものと考えられてきたのです。

そのため、母方の親族が政治に口を出すことは外戚の害と呼ばれて忌避され、母系の影響を絶つために、「子貴母死《しきぼし》制」皇帝の嫡子を産んだ生母を殺す制度を取り入れた王朝すらありました。

こうした風潮は言葉にもあらわれていて、日本だと父母の兄弟は、父系、母系で区別することなく、皆、おじさんですが、中国では伯伯《ボーボ》・叔叔《シュシュ》（父方の兄弟）か、舅舅《ジゥジゥ》（母方の兄弟）かは大きな違いで、一般的に伯伯・叔叔の方が甥や姪の面倒をよく見、子どもたちも頼りにするそうです。

中国だと、主君の母方の弟（北条義時）が活躍する『鎌倉殿の13人』のような物語は成立しにくいのかもしれません。

ただ、中国も最初から父系優先だったわけではないようです。『中国ジェンダー史研究入門』のなかで下倉渉氏は、兄弟姉妹間の姦淫の罪状について、唐律と秦律を比較しています。それによれば、同父同母の場合死刑なのはどちらも同じですが、異父同母の場合、唐律は刑を緩和しているのに対し、秦律は死刑のままです。これは、秦では母子関係が父子関係よりも劣るとは見なされていなかったことを示唆しています。

また、戦国時代、秦の昭襄王を王位につけることに大きく貢献をした、宰相魏冄《ぎぜん》は王の生母の異父弟です。王から見ると舅舅ということになります。

漢代でも武帝は即位後、父違いの姉がいることを知ると、わざわざ彼女のもとに赴き「大姉」と呼んで、その子どもごと後宮に迎え入れました。さらに武帝が幼少の頃は、生母の異父兄弟たちが、大尉や丞相といった重要な役職につき権勢を振るいました。

武帝以降も、幼帝（甥）を皇太后（母）の兄弟が支えるという構図は続き、この図のなかから、帝位を簒奪し、新王朝を建国する王莽《おうもう》が出てきます。

こうして見ていくと、中国も漢代以前は、日本と同じく非父系的で、母系的な側面が強かったということが分かります。

母系社会といっても、主に権力を握るのは北条義時のような母方の兄弟になるので男性優位なのは変わらないのですが、財産は父子だけでなく母子でも相続されていくため、自然女性の発言権は強くなります。

下倉渉氏は、唐律が夫から妻への暴力、いわゆるDVの刑を一般人同士のものより二等減じているのに対し、秦律は等しく罰していることから、夫尊妻卑の程度もこの時代はずっと緩やかだったのではないかと指摘しています。

ちょっと話の枕が長くなりましたが、こうした時代背景のなかから現れたのが、私のデビュー作『劉邦の宦官』でも重要人物として取り上げた呂后《りょこう》です。武則天、西太后と並んで、中国三大悪女とされる呂后ですが、私は彼女は父系優位、夫尊妻卑へと傾く歴史の流れに逆らって挑戦した女性だと評価しています。

実の子どもを投げ落とす夫

呂后こと呂雉《りょち》がその夫劉邦のもとに嫁したのは、十五歳くらいのときと考えられています。

沛《はい》県（現在の江蘇省徐州市）の顔役だった劉邦は喧嘩っ早いし、ほら吹きだし、遊びも飲む・打つ・買うと三拍子揃っている、ろくでもない奴でしたが、奇妙な魅力があり、彼がいると慕ってやって来る弟分たちのために居酒屋は満員になりました。それで、店主のばあさんは年末になると、毎度彼のつけを記した札を割り、チャラにしてやっていたそうです。

とはいえ、要は定職のない田舎町のただの名物男で、年も三十を過ぎていました。ところが、人相見として名声が高かった呂雉の父、呂公が自分の宴会に「進物一万銭」というはったりとともに乗り込んできた、この中年の遊び人に一目惚れし、十五歳の愛娘、呂雉を差し出すのです。第一の子分だった樊噲《はんかい》の方にも、妹の呂嬃をおまけで提供します。

これが呂后の災難のはじまりで、現代で言えば中学三年生くらいのときに嫁いできた少女は、海千山千のおっさんに散々に振り回されました。侠客といえばかっこいいですが、結局は弟分を引き連れて、飲み歩いているだけの夫の生活を支えるため、呂雉は二人の子ども、劉盈《りゅうえい》と後の魯元公主の面倒を見ながら、田の草取りをするようなこともあったようです。

しかし、始皇帝死後、動乱の時代がやって来ました。

珍しく亭長の役に就き、徴収した人夫を咸陽まで連れて行く役をおおせつかった劉邦ですが、過酷な労役を恐れた人夫は次々と脱走。秦の法律だと、役目を果たせなかったものは極刑です。

やけになった劉邦は飲んだくれながら、残りの人夫にも脱走をすすめ、なお残留したものと、慕ってやって来た弟分たちとともに山賊の頭になりました。

その後、陳勝・呉広の乱をきっかけに、秦の苛政に怒りを抱いていた人びとが次々に立ち上がり、その勢いにのって劉邦も旗揚げして、一方の雄に成り上がります。そして、秦、項羽との戦いを勝ち抜き、ついに皇帝として漢王朝を開くのです。

自分自身には特段の才能はないと認めていた劉邦は、その代わり人の能力を見いだし、引き出して使うのが上手で……とかいう話は、散々色々な所で書かれているので割愛します。

大事なのは、よく知られる英雄物語の傍らで、呂雉が二人の子どもとともに散々な苦労をしたということです。

お役目に出かけたと思ったら、なぜかおたずねものになった夫のために牢屋にぶち込まれたり、彭城《ほうじょう》の戦いで劉邦が項羽に大敗したときは、舅の大公とともに捕虜になったりしました。このとき、幸い娘魯元公主と息子劉盈は、劉邦の馬車に同乗して逃げおおせたのですが、劉邦は追いつかれるのではないかと気が気でなく、何度も娘と息子を馬車から投げ落としたそうです。

駁者で弟分の一人でもあった夏侯嬰《かこうえい》がさすがに見かねて、その度に馬車を止めて、

「子どもを投げ捨てる親がありますか」

と拾ってやるのですが、劉邦は剣をかざし「さっさと馬を走らせないと切るぞ」と脅しつけたと言われています。

名将二人を粛清

「呂后は人となりが剛毅で、高祖を佐けて天下を定めた」

そう史記に記されていますが、最初からそんな人となりだったわけではなく、こんな

化け物のような夫を持ってしまったがために、自然剛毅にならざるを得なくなったのでしょう。

項羽を破り、漢を建国した後も、劉邦は都長安に腰が定まらず、反乱を治めるために、各地を転戦する日々が続きます。その間、留守を預かったのが、呂后と息子の劉盈でした。

二人は劉邦の銃後をしっかり守り、重臣たちからも頼りにされました。特に呂后は創業の英雄たちと親密な関係を築き、劉邦死後のことですが、名参謀の張良《ちょうりょう》が道教に凝って、穀物を絶ち、導引という健康法にはまったときは、

「人生は一度きり、白駒が戸の隙間を過ぎる時間のように短いものなのに、なぜ自分の体を苦しめるのですか？」

と言ってたしなめ、知謀神のごとしの男も忠告を聞き入れたといいます。

一方、功臣たちの粛清に腕を振るった側面もあり、漢軍のなかで随一の名将韓信、ゲリラ戦術で項羽の兵站を襲って勝利に貢献した彭越《ほうえつ》、二人の死に関わっています。

謀反の疑いをかけられ、楚王から淮陰侯に格下げされ、不遇をかこっていた韓信は、劉邦が別の功臣の反乱を討伐している間に、長安で挙兵し呂后と劉盈を討とうとしまし

た。

この企みを密告で知った呂后は、相国《しょうこく》（廷臣の最高職）の蕭何《しょうか》と相談し、策謀を以て、この項羽以上の戦上手を片付けることにします。

韓信に呼応しようとした造反者は討ち取られたと偽って布告を出したのです。長安に住む諸侯は戦勝を賀すため、先を争って呂后のもとに参内します。一方、計画が頓挫したと勘違いした韓信は、病と称して屋敷に引きこもりました。

そこで蕭何が、

「疑いを晴らすためにも行ったほうがよい」

と勧めると、韓信は何の疑いも持たず、呂后のいる宮殿、長楽宮に赴きました。そして、たちどころに武士に捕らえられ、鐘室で斬られたのでした。

彭越の場合、謀反をまず疑ったのは劉邦ですが、彼自身ははじめ蜀（現在の四川省）への流刑で済ませようとしていたようです。

しかし、彭越が蜀へ向かう途上、たまたま長安から洛陽へ向かっていた呂后と出会います。

「自分は無罪です。なんとか故郷の昌邑《しょうゆう》への隠棲で勘弁してもらえるよう取りなしてくれないでしょうか？」

彭越はそう言って呂后に泣きつきました。

快く請け合った呂后は、夫の待つ洛陽まで彭越を連れて行ったのですが、いざ劉邦に会うと、

「彭越は壮士です。蜀に置くと必ず煩いとなるでしょう。誅するしかありません」

韓信と彭越には気の毒ですが、劉邦より戦上手で、封土も大きい二人は、帝国の安定のためには生かしておけない存在でした。

また、功臣の粛清すべてに呂后が関わっているように書いている書物もありますが、しっかりした記録が残っているのは韓信と彭越だけです。

そして、韓信も彭越も、元々項羽の家来、あるいは劉邦と同輩だった人物で、いわば外様です。劉邦は晩年、沛から従ってきた弟分たちにも猜疑心を抱くようになりますが、彼らに対する粛清に対して、呂后は中立か、妹婿の樊噲の時のように反対のスタンスでした。

自分の功績を無視して浮気する夫

韓信を討つ際、蕭何と図っただけで夫の許可を得ていなかったり、彭越が「助けてくれ」と泣きついたりしたことからも分かる通り、呂后は劉邦に匹敵する大きな権限を有していました。疑い深い癖に、土壇場になるとグズグズして、優柔不断なところもある劉邦は、呂后の冷静な判断力、果断さを頼りにするところもあったのでしょう。

ただ出来る女というのはあまり可愛くは思えないもので、劉邦は呂后以外の様々な女と浮き名を流しました。なかでも戚《せき》夫人という女性を寵愛し、その間に出来た如意を盈に代えて皇太子にしようとすらしました。

これは幸い功臣たちの反対によって止められたのですが、呂后には深い傷となりました。

そもそも、劉邦の栄達は、父呂公が、彼の才能を認め、自分を嫁がせたことをきっかけにはじまっています。その後も、呂氏は一族あげて劉邦を支援し続けて来ました。

呂氏の兄二人は将軍となり、特に呂沢は郭茵《かくいん》氏の『呂太后期の権力構造―前漢初期「諸呂の乱」を手がかりに』によれば、劉邦膝下で、韓信に次いで第二位の規模の軍団を率いていた可能性があるそうです。

呂沢は彭城の戦いで劉邦が惨敗した際、妹を敵の手に置き去りにするわ、甥と姪を逃げる馬車から何度も投げ落とすわ、とんでもないこの義弟を、自身の軍にかくまってあげています。

夫が皇帝の地位にあるのは、何もかも私と私の一族のおかげ、それなのに後から来た、たんに若く美しいだけで、何の能も功績もない女がすべて奪っていこうとするのか？

呂后は戚夫人を激しく恨むようになりました。

戚夫人にくわえた凄惨なリンチとは⁉

劉邦は前一九五年崩御し、跡を呂后の望み通り、盈（恵帝）が襲います。

そして、呂后は戚夫人、その息子如意への復讐をはじめました。

まず戚夫人を捕らえると、永巷（罪を犯した女官を入れる牢獄）に閉じ込め、一日中豆をつかせる刑罰を与えました。戚夫人は嘆き悲しみ、その時歌った詩が漢書に残されています。

「子は王となり、母は虜となり、終日薄暮にうすづき、常に死と伍ならん。相い離れること三千里、當《まさ》に誰をして女《なんじ》に告げしむべき」

しかし、呂后の気持ちはおさまりません。ついに戚夫人の両手両足をちょん切り、目玉はくりぬき、耳は焼き、喉は特殊な薬で灼いて声を出せなくさせました。そして、人《じん》彘《てい》（人豚）と称して厠に置いたのです。

呂后は、息子恵帝を呼ぶと、この風変わりなオブジェを見せてやりました。

「これは一体何です？」

と恵帝がいぶかると、

「戚夫人よ」

と呂后は答えました。

父母に似ず、温厚で優しい性格だった恵帝は激しいショックを受けます。

「これは人がすることではありません。もはやあなたの子として天下の政を行う自信がなくなりました」

そう言って、以後は朝政を放り出して、酒色にふけり、病の床に就くようになったということでした。

以上の逸話はとても有名で、私も『劉邦の宦官』で物語の山場として取り入れているのですが、色々突っ込みどころが多い話です。

まず、戚夫人に対するリンチは、様々な研究者が指摘していることですが、「いや、途中で絶対に死んじゃうでしょ」当時の医学水準からいったら、単なるサディスティックな欲望を満たすだけのために、そんな置物を作るのは不可能だったはずです。

また、母の残酷な所業によって心を病んだと書かれた恵帝ですが、そもそもこの逸話を記した史記に、戚夫人の死後も、相国の蕭何に後任を誰にするか尋ねたり、蕭何の後を継いだ曹参《そうしん》に「酔っ払いながら勤務するのは何故？　私が若いからってなめてるの？」と問いただしたりしているエピソードが記録されています。

また、漢書だと、死の前日に「三族罪」と「妖言令」という秦以来の過酷な法を除きたいと言い出し、家臣たちが議論している間に亡くなってしまったと記されています。

史料上見えてくるのは、人生の最期の瞬間までバリバリ働いている姿で、酒と女に溺れて、職務放棄している姿など垣間見ることも出来ません。『劉邦の宦官』では、廃人のように書いてしまってすみませんでした！

実は西太后にも、ライバルの麗妃の手足を切断して甕の中で飼ったという似たような話があるのですが、こちらは根も葉もない嘘だと判明しているのですよね。

ストロングな女性が、実態以上に悪し様に言われるのは世の常なので、戚夫人が殺されたのは間違いないにせよ、もっと一般的な方法で始末されたと考える方が、自然なのかもしれません。

ただ、呂后の戚夫人の血筋に対する憎しみは本物で、劉邦が生前に趙王に任じて、外に逃がしていた如意も長安に呼びつけ、殺害しています。

恵帝は腹違いの弟を心配して、常に身辺に置き、母の魔の手から守ってあげようとしました。しかしある日、朝早く狩りに出かけようとしたところ、まだ如意は幼くて起きることが出来ません。それで仕方なく如意は寝床に置いて、狩りに出かけたのですが、帰ってきたときには、もう小さな弟は毒を盛られて冷たくなっていたということです。

冒頓単于からのプロポーズ

呂后は漢帝国を、夫と二人三脚で作ったものと考えていました。半分はあのろくでなしの旦那のものだが、残り半分は自分のものだと信じていたのです。

彼女からすれば、自分と劉邦、半分ずつの血を引いている恵帝が、漢帝国を継ぐのは当然で、それに挑戦した戚夫人と如意を抹殺するのもまた当たり前のことでした。

しかし、次の代はどうでしょう？

もし、劉盈が自分とは何の縁もない娘と結婚したら、そしてそれを何代も繰り返していったら、帝国の血筋はどんどん自分から遠ざかることになります。

呂后にとってみたら、それも許せないことでした。

そこで、彼女は娘の魯元公主の子ども、張皇后と呼ばれることになる女性を、恵帝に嫁がせます。

つまり呂后から見ると、自分の子どもと孫を結婚させたわけで、『劉邦の宦官』を書く際、意図が分からずにずいぶん首をひねったものでした。

結局、拙作中では、呂后の恵帝に対する異常な愛情ということにしたのですが、今ならもう少し深掘り出来たかもしれません。

実はこうした叔父と姪間の結婚は、叔姪婚《しゅくてつこん》といって、世界各地、特に上流階級でまま見られる風習で、ヨーロッパだとハプスブルク家が有名ですし、日本でも天武天皇が兄、天智天皇の娘を四人も娶っています。

目的は、高貴な血筋の保全、財産の散逸の防止です。天武天皇の場合のように、対立関係にある両系統の緊張緩和のために利用される場合もありました。

呂后が狙ったのは、皇帝の血筋のうち、父系を劉氏が担うのならば、母系の方は呂氏が独占するということだったのだと思います。

呂后の意図は、意外な人物が見抜いていました。

それは、匈奴の冒頓単于《ぼくとつぜんう》です。

劉邦が死んだ際、冒頓単于は、

「私も最近連れ合いを亡くしました。お互い独り身になったわけだからどうです？　一緒になりませんか？」

という手紙を呂后に送りつけてきました。

これは大変侮辱的な内容だったと評価されていますが、劉邦を白登山の戦いで完膚なきまでに破り、自身を兄、劉邦を弟とする屈辱的な講和条件をのませた冒頓単于は、農耕文明社会とはまた別の遊牧文明の論理で動いていました。

草原だと夫に先立たれた女性をその兄弟が娶るのは当然のことですし、匈奴の単于と閼氏《えんし》と呼ばれる妻は、特定の幾つかの氏族から出る習わしでした。匈奴には、呂后が企図したような、王の母系を独占する氏が既にいたのですね。

「私は劉邦とは義理の兄弟だったから、その未亡人を娶る権利があるし、呂氏は母系を独占して、漢帝国の半分の所有権を有する氏族なんでしょう？　だったら、結婚して、私と貴方で、遊牧文明社会も農耕文明社会も支配する。これで、いろんな問題が何もかも解決するじゃないですか」

冒頓単于の考えはこうしたものだったのかもしれません。

まぁ、当然通じるわけもなく、呂后も怒りましたが、それ以上に群臣が激怒。樊噲などは、十万の軍をくれたら討伐してやると息巻きました。

しかし、硬骨漢で有名だった季布が、

「高祖（劉邦）が三十万の軍を率いてもかなわなかったのに、樊噲ごときで勝てるはずがないでしょう」

と諫めると、呂后も頭を冷やし、

「私ももうおばあちゃんですから」

と遠回しに断る返事を出しました。

冒頓単于もセクハラを反省してか、名馬とともに、謝罪の手紙をよこしたそうです。

実の母子でも異なる遺伝子の生存戦略

恵帝は、紀元前一八八年、二十五歳の若さで亡くなりました。

先述の通り、拷問を受けた戚夫人の姿を見たショックで、政務を放り出したというのは恐らく嘘で、首都長安に城壁を設けたり、始皇帝以来の焚書を止めさせたりなど、偉大だった父には劣るものの、彼なりに仕事に精励した後の死でした。

温順と評された恵帝は、確かに心優しい人物で、如意だけでなく腹違いの兄である、斉王劉肥についても、母呂后が毒殺しようとしたのを、その杯を自身が飲もうとして、守ってあげたというエピソードが残っています。

ただ、恵帝から見れば血が繋がった兄弟である如意も肥も、呂后から見たらただの他人です。

生物は単に自分の子孫を増やそうとしているわけではなく、自分と同じ遺伝子をなるべく多く未来に残そうとして生きているそうです。子どもを産めない働き蜂が、同じ遺伝子を持つ女王蜂に尽くすのもこのためで、人間が甥や姪にお年玉を渡すのも同じ理屈です。

実の母子であっても、こと自分の血脈を王朝に残すという点からいえば、戦略がまるで違ってくるわけで、単純に残酷非道な母と心優しい息子という構図で片付けてよいのか、考えさせられるものがあります。

決して凡愚の質ではなかった恵帝ですが、呂后からすれば不肖の息子でした。張皇后との間に子どもを作れなかったからです。

恵帝の葬儀の際、呂后は嘆きながらも涙を流すことがなかったそうですが、呂氏で母系を支配するという夢が遠ざかったわけですから、当然でしょう。

恵帝の後は、恵帝が後宮の女性との間に作った子どもが継ぎました。皇帝になったにもかかわらず、本名不詳で、少帝劉恭とも呼ばれています。劉恭の実母は殺され、表向きは張皇后の子どもということにされました。

しかし彼は長じてから、実の母が呂氏に殺されたことに気づき、

「自分が力を得たら、呂氏を皆殺しにしてやる」

と公言するようになりました。

そのため、呂后によって弑逆され、少帝劉弘《こう》が跡を継ぎます。

史記だと、少帝劉弘は恵帝の血を継いでいないとされていますが、最新の研究では劉弘もまた恵帝が後宮の女性との間にもうけた子と考えられているようです。

呂后は自分の血筋の手駒がなくなったため、この弘に、兄呂沢の孫娘を娶らせました。さすがにここまで来ると、妄執という感じがします。

恵帝が亡くなり、自分の政権基盤が弱くなったことを自覚していた呂后は、逆に強圧的な政治をするようになります。良好な関係を築いていたはずの功臣を遠ざけ、劉氏の諸侯王を殺害し、かわりに呂氏を王につけたりしました。

彼女自身、自分がやっていることの愚かさを理解していたのか、晩年日食が起きたときは、側近に、

「これはわたしのせいです」

とこぼすこともあったようです。

呂氏の乱　書き換えられる歴史

呂后がなくなったのは紀元前一八〇年のことでした。劉邦が死んでから十五年、恵帝に先立たれてから八年の時間がたっていました。『史記本紀』では劉邦の次に呂后本紀が設けられており、この期間が、事実上彼女の時代であったことを認めています。

彼女の治世では、大きな戦いもなく、無駄な大工事も行われなかったため、戦いに疲

れていた民力は回復し、経済と社会は大きく発展しました。『史記』のなかで、司馬遷は恵帝、呂后の治世を、

「恵帝・呂后の時、民草は戦国の苦しみから逃れ、君臣ともに休むことを願った。だから恵帝は手をこまねき、呂后は女王として君臨したが、政治は後宮を出ることがなかった。そのおかげで、天下は安定し、刑罰を用いられることは少なく、罪人も稀で、人民は家業に励み、衣食は豊かになった」

と高く評価しています。

しかし、呂后の死後、すぐに「呂氏の乱」が起こりました。

通説だと呂氏が、漢帝国を転覆させるための乱を画策しており、それを任侠心に溢れた功業の英雄たちが治めたというストーリーになっていますが、『呂太后期の権力構造―前漢初期「諸呂の乱」を手がかりに』によると、そんな企みはそもそもなかったようです。

実態は皇帝の座を狙っていた斉王劉襄と、実権を取り戻したかった重臣たちの思惑の重なった、かなり行き当たりばったりのクーデターでした。

大体、あんなクズを頭目に頂いた集団が、任侠精神に溢れていたというのもおかしな

話ですよね。ちなみに広辞苑によると任俠は「弱きをたすけ強きをくじく気性に富むこと。また、その人。おとこだて」のことです。

重臣たちは呂氏を殺すことまでは考えていなかったのですが、劉襄の弟、劉章が暴走して、趙王・上将軍である呂禄、呂王・相国の呂産を殺害してしまったために、後に引けなくなり、呂氏は皆殺し、族滅となったのでした。

ちなみに、呂氏の乱で大きな働きをした劉襄と劉章は、恵帝が呂后からかばった劉肥の子どもです。さらに言うと、劉肥の母親は曹氏で、呂后より前に恐らく劉邦と結婚していた女性でした。曹氏はあまり記録がなく、死亡年もよく分かっていないのですが、劉邦が呂后と結婚した時まだ生きていたのだとしたら、呂后は彼女をたたき出して正妻の座におさまったことになります。

「呂氏の乱」は一面ではこの影の薄い曹氏の半世紀越しの復讐だったとみることも出来ます。中国の歴史もまた、母系を巡る争いで動いていたのです。

哀れなのは、小帝弘です。重臣たちは、呂氏の血を引く彼を生かしておけなくなりました。まだ幼い弘に、滕公《とう》という者が、

「あなたは劉氏でないから、帝でいることは出来ない」

と一方的に宣告し、王宮から連れ出しました。

滕公の駆る馬車の上で、弘が不安げに、

「私はどこに連れて行かれるの？」

と聞くと、滕公は、

「王宮を出て邸に行くのだ」

とだけ答えたそうです。弘はその後、他の恵帝の血を引くであろう兄弟たちとともに毒殺されました。

この滕公、姓名は夏侯嬰といいます。

そう、かつて彭城の戦いの際、惨敗した劉邦が、逃げる馬車から、子の劉盈と魯元公主を投げ落とすのを、いちいち拾い上げていた人物です。

呂后の血筋を命がけで守った人物が、今自分たちの利害だけで、紛れもなく兄貴の血を引く子どもを亡き者にしたことになります。やはり、功業の英雄たちに任侠心なるものは、欠片もなかったようでした。

引用・参考文献：

『史記1　本紀』（司馬遷著、小竹文夫・小竹武夫訳、ちくま学芸文庫、一九九五）
『史記列伝』（司馬遷著、小川環樹・今鷹真、福島吉彦訳、岩波文庫、一九七五）
『呂太后期の権力構造―前漢初期「諸呂の乱」を手がかりに』（郭茵著、九州大学出版会、二〇一四）
『中国ジェンダー史研究入門』（小浜正子・下倉渉・佐々木愛・高嶋航・江上幸子編、京都大学学術出版会、二〇一八）
「呂后についての一考察」（楠山修作著、大阪経済大学「東洋文化学科年報」第10巻、一九九五）
「『史記』呂太后本紀考」（柴田昇著、https://www.konan.ac.jp/images/library/k-47shibata.pdf）
「《史記　呂太后本紀》研究」（肖莉著、二〇一八）
「論呂后政治作為與歴史評價的衝突性」（陳唯中、二〇一九）

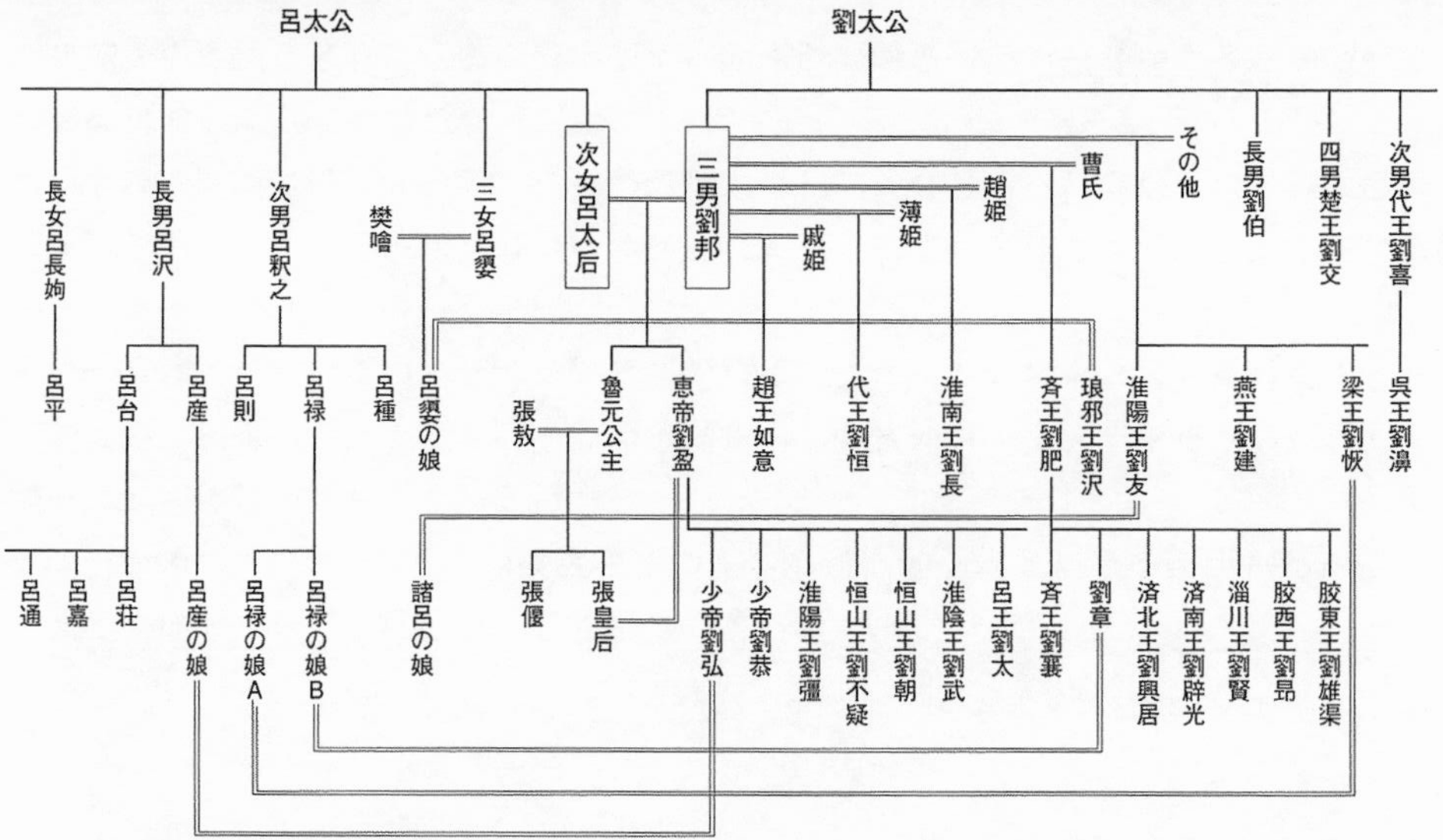

注：この図は劉邦と呂太后の家系と婚姻関係を示す略図であり、完全なものではない。
──は血縁関係を示し、══は婚姻関係を示す。

劉邦・呂太后家系略図

（郭茵著『呂太后期の権力構造─前漢初期「諸呂の乱」を手がかりに』P218から引用掲載）

おわりに

「呪い」をテーマに、紡いできた物語もこれでおしまい。

「ウートピ（wotopi）」での連載開始から、今あと書きを書いている期間までを指折り数えると、実に七年がたっていました。

読み返してみると、その間に子どもの誕生という大きなイベントがあったため、はじめの方に書いたところと、あとで書いたところで、ちょっとスタンスがぶれた部分もあるようです。

特に「呪い」について最初はRPGのボスみたいに倒せば終わりと考えていたのですが、今は、順繰りに引き受け、だましだまし終生付き合わなくてはならない性質の呪いもあることに気づきました。

最後、その呪いの話になるかは分かりませんが、私の家族と生い立ちの話をしたいと思います。

「僕、女の子でなくてごめんね」

自分では覚えていないのですが、五歳くらいのとき、そんなことを母に言ったそうです。

母はどちらかといえば男の子より女の子が欲しかったようで、よくママ友に、

「エコー写真だと、あれが見えなかったから女の子だと思っていたのに、産んでみたら男の子だった」

そんな風に冗談めかして話したり、女の子がいる家の天井まで届きそうな立派なひな壇を眺めつつ、

「女の子はいいねぇ」

と、こぼしたりしていました。

子どもなりに何となない負い目を感じ、前出の言葉になったのでしょう。

負い目と言えば、母は私が生まれたとき、父に「家にいて欲しい」と頼まれて保育士を辞め、専業主婦になっています。

こう書くといかにも父が権威主義的な九州男児のようですが、父は幼い頃に、母親

（つまり私の祖母）が不治の病に倒れ、周囲の配慮で小学校入学を一年遅らせたという人でした。

時間が限られていると感じながら受けた母親の愛は強烈に胸に焼き付き、それだけに死後の喪失感は大きなものとなったようです。

「家にいて欲しい」

それは母無し子だった自分のような寂しい思いを子どもにしてほしくないという、父の心からの願いだったのだと思います。

とはいえ、私のせいで母が職を辞したのは変わらないわけで、こんな本を書いていますが、紛れもなく私は母にとっての呪いだったわけです。

また、妻と義母の関係を見てつくづく感じましたが、母と娘の関係は、母と息子のそれとは根本的に違っています。女親と娘は、親子、保護者・被保護者である前に、同じ苦しみと悲しみを背負った対等の同志であると思うのです。

そうした存在になってあげられなかった負い目を、子どもながらに感じていたかどうかは分かりませんが、私は他の友達と比べたら、随分母親の話し相手をつとめる男の子でした。アニメやドラマもよく一緒に見ましたが、『ベルサイユのばら』のような、あまり当時の男の子は見ないものが多く、そうした作品の感想を言い合うのが、とても楽しかったことをよく覚えています。

私が著した小説が、古代中国や、戦国時代のような勇ましい男性性が尊ばれる時代を舞台にしながら、宦官とか小姓とか、ジェンダーのぶれを描いたものばかりなのは、子どもの頃の経験がどこか影響しているのかもしれません。

この本を執筆中、ふと筆がよどんだとき、母と過ごしたあの幸せな時間を思い出すと、また走るようになったのは、決して故無いことではないのでしょう。

本書を読んだ方が、男女問わず、自分にかけられた呪い、かけてしまった呪いに気づき、身近な愛する人にもっと優しく賢明に接するための糸口になれたら、作者としてこれ以上の幸せはありません。

さて、本というのは一人ではなく、たくさんの人とのご縁で作られています。本書は「ウートピ」で連載されたものを元にしていますが、そのきっかけは、従兄弟のテル氏が、当時「ウートピ」を運営していたザッパラスさんを紹介してくれたことでした。連載中は、当時の担当、濱田桃子氏がわざわざ大阪に激励しに来てくれるなどとてもお世話になりました。

その後、新潮社の松倉裕子氏にお声かけいただき、本として改めてまとめさせてもらう機会を得ました。テキストを削ったり膨らませたり、章をまるまる新しく書き起こしたりしているなか、松倉氏、そして担当を引き継がれた大古場春菜氏は助言と励ましのお言葉をかけてくださいました。デビュー以来お世話になっているアップルシード・エージェンシーの栂井理恵氏からも惜しみない支援を頂戴しております。

また、ロンドンのフローレンス・ナイチンゲール博物館のハンナ・スミス氏は、逸話の出典調査に力を貸してくれました。ナイチンゲールの章で紹介した冒頭のジョン・ホール博士と衝突したエピソードはハンナ氏も初耳ということでしたが、わざわざ調べてくださり、類似した話が掲載された伝記と、「看護師たちが勝手に在庫を使ったとジョン・ホール博士が触れ回っている」と記されたナイチンゲール直筆の手紙の存在を教えてくれました。

ここに記して、ご尽力いただいた皆様にお礼申し上げます。

そして、最後に、私にとって最も大切な女性である妻と母に本書を捧げ、筆を置かせていただきます。

二〇一六年一月〜九月に「ウートピ」にて連載した記事をもとに加筆・修正しました。

黒澤はゆま　1979年生まれ。歴史小説家。著書に『劉邦の宦官』『九度山秘録』『なぜ闘う男は少年が好きなのか』『戦国、まずい飯！』などがある。好きなものは酒と猫。

Ⓢ新潮新書

996

世界史《せかいし》の中《なか》のヤバい女《おんな》たち

著　者　黒澤《くろさわ》はゆま

2023年5月20日　発行

発行者　佐藤隆信

発行所　株式会社 新潮社

〒162-8711　東京都新宿区矢来町71番地
編集部(03)3266-5430　読者係(03)3266-5111
https://www.shinchosha.co.jp
装幀　新潮社装幀室

印刷所　錦明印刷株式会社
製本所　錦明印刷株式会社

ISBN978-4-10-610996-6　C0220

価格はカバーに表示してあります。